위성정당 OUT!

위성정당
OUT!

꼼수와 반칙이 망가뜨린 K-민주주의 대해부

최광은 지음

정직한 모색

차례

서문 위성정당의 덫에 걸린 한국 정치 11

1부 위성정당 출현과 민주주의 파괴

1장 위성정당이란 무엇인가? 19
위성정당이라는 용어의 등장 19 | 위성정당 등장의 배경, 준연동형 비례대표제 21 | 위성정당의 기본 특징 25 | 위성정당 vs 연합정당 27 | 위성정당 vs 준위성정당 28 | 임시 위성정당 vs 상설 위성정당 30 | 위성정당과 공존할 수 없는 한국 민주주의의 미래 31

2장 위성정당의 예정된 기습: 제21대 총선 33
누더기가 된 비례대표제 개혁, 설상가상으로 위성정당까지 34 | 일찌감치 선전포고한 자유한국당 35 | 무사안일했던 정의당 38 | 더불어민주당 위성정당의 불쏘시개로 등장한 하승수 40 | 더불어민주당의 위성정당 메이커 양정철 43 | 눈 딱 감고 지갑을 줍기로 한 기본소득당 45 | 위성정당 앞에 민낯을 드러낸 사람들 48 | 위성정당의 최대 수혜자 더불어민주당 49

3장 '뉴노멀'이 된 위성정당: 제22대 총선 53
일찌감치 포석을 깔아둔 기본소득당 53 | 위성정당이 아니라 연합정당이라고? 55 | 이재명 대표의 결단으로 다시 등장한 더불어민주당 위성정당 56 | 진보당, 새진보연합, 이른바 시민사회 그룹의 위성정당 동참 59 | 더욱 흑화한 국민의힘 위성정당 61 | 위성정당 최대 수혜자 더불어민주당과 준위성정당 조국혁신당 돌풍 62

위성정당 OUT!
꼼수와 반칙이 망가뜨린 K-민주주의 대해부

4장 무너진 민주주의: 정당과 선거의 형해화 66

법치주의를 무너뜨리는 위성정당 창당 논리 66 | 위장 제명 동원한 의원 꿔주기, '의원 셔틀' 공작 68 | 위장 제명으로 본대 귀환, 다단계 제명까지 69 | 징계가 아닌 당적 변경 수단이 된 의원 제명 70 | 본체정당과 위성정당의 불법 공동 선거운동 71 | 유사명칭 사용하고 국고보조금도 거의 그대로 챙겨 72 | 헌법, 정당법, 공직선거법에 반하는 위성정당 74 | 위성정당 걸림돌 제거하려 민주적 절차 상세 규정까지 없애 78

2부 위성정당 체제 형성의 원인

5장 비례대표제 정치개혁의 실패 83

'연동형'에서 뒷걸음질만 친 결과 83 | '준연동형'은 '연동형'과 얼마나 가까운가? 86 | '50% 연동률'이라는 표현이 불러온 혼동 87 | '50% 연동률' 마저 무용지물로 만든 비례대표 의석 축소 90 | 위성정당의 출현, 예견된 선거제도의 허점 91 | 위성정당 허용이 바꾼 비례대표 선거 결과 93 | 지역구 의석비율이 정당 지지도를 초과한다면? 95 | 양당의 위성정당을 막을 수 있었다면? 97 | 공약(空約)이 된 위성정당 방지 공약(公約) 97 | 생색내기에 그친 위성정당 방지법 99 | 위성정당이라는 괴물을 낳은 정치개혁 태생의 한계 102

6장 양당제와 민주대연합 노선의 오랜 공생 104

양당제와 선거제도 사이의 밀접한 관계 104 | 양당제를 강화해 온 한국의

정치구조 106 | 위성정당 창당, 한 치의 양보도 없다는 거대 양당의 무력행사 110 | 오래된 습관, 민주대연합 노선 112 | 민주당 중심의 연합이라는 민주대연합의 본질 114 | 돌아온 위성정당과 함께한 민주대연합의 실현 116

7장 위성정당에 앞장선 위성진보 119
위성정당 참여를 결정했으나 문턱에서 멈추게 된 녹색당 120 | 진보당 때문에 기본소득당까지 복권하려 한 민주노총 121 | 한시적인 연합이니 위성정당 참여 문제없다고? 123 | 위성정당 참여에 이어 겹치기 단일화까지 126 | 더불어민주당에 고개를 조아린 일부 시민사회 진영과 진보당 127 | 위성진보에 면죄부를 부여한 기후정의운동 129

3부 위성정당 체제의 극복, 민주주의의 새로운 출발

8장 정치관계법 개혁으로부터 135
헌법상 독립기구인 선관위의 직무 유기 136 | 위성정당 체제에 순응할 것인가? 137 | '당적쇼핑금지법'의 필요성 139 | 정치자금법 개정, 급조된 정당의 국고보조금 수령 방지 140 | 지역구 후보 내면 비례대표 후보도 내도록 143 | 위성정당을 금지하는 정당법 개정 144

9장 다시 비례대표제 정치개혁으로 148
알바니아, 레소토, 베네수엘라의 실패 경험 148 | 더불어민주당, 왜곡된

위성정당 OUT!
꼼수와 반칙이 망가뜨린 K-민주주의 대해부

선거제도의 최대 수혜자 151 | 더불어민주당은 비례대표제 확대와 다당제 정치개혁을 원하는가? 153 | 비례대표 의석 확대가 기본 원칙이자 해결책 155 | 여론도 비례대표 의석 확대 지지, 의원 숫자 확대 지지 가능성도 157 | 위성정당 허용 준연동형 〈 병립형 〈 위성정당 방지 준연동 《 연동형 또는 완전비례형 159 | 연동형 vs 완전비례형, 전국적 vs 권역별, 폐쇄형 vs 개방형 163 | 고양이에게 생선 맡기지 않기 167

10장 새로운 정치개혁운동과 민주주의의 발전 169

비판적 시민사회의 구축을 위하여 169 | 다시 제3지대 구축을 위하여 172 | 정치개혁운동의 새로운 출발을 위하여 175 | 새로운 정치개혁운동의 동력은 주권자로부터 178 | '삶은 개구리 증후군'에서 벗어나기 182 | 좀비 민주주의를 넘어 새로운 민주주의로 183

에필로그 예기치 못한 주역과 위성정당 너머의 시대 187

부록 및 참고 문헌 195

부록 1. 위성정당 관련 주요일지 197 | 부록 2. 비례대표제 관련 용어 해설 200 | 부록 3. 비례대표 의석비율과 비례대표제 선거 결과 203 | 부록 4. 정치관계법 관련 법률 조항과 헌법재판소 결정문 207 | 부록 5. 위성정당 출현이 불러온 의석할당정당 규정 해석의 오류 216 | 참고 문헌 221

감사의 글 224

그림 차례

그림 1　더불어민주당과 더불어시민당의 합동 선거대책위원회 회의　52
그림 2　위성정당 창당을 위한 민주개혁진보 선거연합 합의 서명식　60
그림 3　본체정당과 위성정당의 공동 선거운동　72
그림 4　민주화 이후 역대 총선에서 의석 점유율과 비례정당 득표율
　　　　제1, 2당 합계　107
그림 5　국고보조금 총액 규모와 양당 차지 비율　109
그림 6　선거제도 개편 공론조사 결과: 비례대표 의석 확대 의견　157
그림 7　선거제도 개편 공론조사 결과: 국회의원 숫자 확대 의견　158
그림 8　참여연대의 헌법소원 기자회견　170
그림 9　2024정치개혁공동행동-진보4당 기자회견　176
그림 10　위성정당 창당에 대한 평가　178
그림 11　응답자의 정당 선호에 따른 위성정당 평가　180

표 차례

표 1	제21대, 제22대 총선에 등장한 위성정당 현황	21
표 2	제21대 총선 더불어시민당 비례대표 국회의원 당선자	50
표 3	제22대 총선 더불어민주연합 비례대표 국회의원 당선자	63
표 4	위성정당의 국고보조금과 선거비용 보전 수령액	73
표 5	정당과 선거에 관한 법률 규정	76
표 6	공직선거법 제47조 제2항 조문 대비표	79
표 7	제21대 총선 비례대표 의석배분 시뮬레이션	93
표 8	제22대 총선 비례대표 의석배분 시뮬레이션	94
표 9	위성정당 방지를 위한 공직선거법 및 정치자금법 일부개정법률안	100
표 10	한국 국회의원 선출 방식의 변천	105
표 11	위성정당 금지 정당법 일부개정법률안	145
표 12	역대 총선에 나타난 양당의 성과가치	154
표 13	제22대 총선 결과에 기초한 시뮬레이션	161
표 14	제21대 총선 결과에 기초한 시뮬레이션	162
표 15	2022년 기준 OECD 국가의 선거제도	165

서문 | 위성정당의 덫에 걸린 한국 정치

한국 정치가 '위성정당'이라는 전례 없는 덫에 완벽히 포획되었다. 교묘하게 설계된 함정에 걸린 듯, 우리의 민주주의는 이 새로운 괴물의 등장 앞에 무력해졌다. 2020년 제21대 총선에서 갑작스레 모습을 드러낸 위성정당은, 2024년 제22대 총선에 이르러 그 존재감을 한층 더 공고히 했다. 이는 단순한 일탈의 재연이 아닌, 한국 정치 시스템의 근본적인 결함을 적나라하게 드러내는 사건이었다. 위성정당은 한국 민주주의의 허술한 틈을 파고든 교활한 전술이자 전략이었고, 동시에 그 틈을 더욱 넓히는 위험한 촉매제였다.

마치 좀비 영화의 속편이 등장하듯, 퇴치될 것이라 막연히 기대했던 위성정당이 반복해서 나타났다. 그러나 이는 단순한 영화 속 허구가 아닌 우리의 현실 정치를 잠식하는 실체였다. 첫 등장 때의 충격과 경각심은 다소 누그러졌다. 위성정당이라는 정치적 괴물의 재등장을 마치 불가피한 숙명처럼 받아들이는 이도 있었고, 심지어 환호하는 이들까지 존재했다. 인간의 외양을 둘렀으나 인간이 아닌 좀비처럼, 정당의 외양을 둘렀으나 진짜 정당이 아니라 가짜 정당인 위성정당이 연이어 대로를 활보했다. 이들은 민주주의의 탈 아래에서 탄생했으나 그 뿌리를 뒤흔들고 있었다. 양당이 독점하는 민주주의를 넘어 다당제 민주주의를 실현하겠다는 꿈은 이 일그러지고 변질된 존재 앞에 무릎을 꿇었다.

한국 정치에 바야흐로 '좀비 민주주의(zombie democracy)'의 시대가 도래했다. 이는 단순한 수사를 넘어 우리가 직면한 엄중한 현실에 대한 진단이다. 좀비 민주주의란 무엇인가? 이는 산송장(living dead)과 같은 선거 민주주의 체제를 일컫는다. 형체는 있으나 실체는 없는 죽은 상태의 민주주의를 의미한다(Roth 2021). 선거는 주기적으로 치르나 그 본질은 훼손된 채 겉모습만 민주주의인 체제, 즉 좀비 민주주의가 한국 정치의 현실과 닮아가고 있다. 이는 단순한 우연의 일치가 아니다. 한국의 정치 시스템, 곧 민주화 이후의 민주주의 체제인 87년 체제의 위기와 한계가 심화하고 있는 상황에서 나타난, 어쩌면 피할 수 없었던 결과다.

한국의 좀비 민주주의는 이러한 일반적 특징과 별개로 한 가지 구체적인 특징을 더 갖고 있다. 위성정당이 바로 좀비 민주주의를 구현하는 데 앞장서는 좀비의 실체로 출현한 것이다. 위성정당의 등장은 87년 체제의 근본적인 한계를 여실히 드러냈을 뿐만 아니라 한국 민주주의의 근간을 뿌리째 흔드는 충격적인 사건이었다. 공직선거법에 명시된, 우리가 '준연동형 비례대표제'라고 부르는, 선거의 비례성과 대표성 제고라는 입법 취지와 목적을 지닌 제도는 위성정당 탓에 지난 두 차례 총선에서 연이어 무력화되었다. 위성정당 창당은 단순한 법의 우회가 아닌, 민주주의의 근간을 형성하는 법치주의에 대한 정면 도전이었다.

위성정당을 막지 못한 준연동형 비례대표제는 결국 이전 병립형 비례대표제가 만들어냈을 선거 결과와 사실상 같은 결과를 산출했다. 결과만 보면 제자리걸음처럼 보이지만 위성정당의 등장을 둘러싼 수많은 문제를 고려하면, 위성정당을 낳은 선거제도는 정치개혁을 무위로 돌렸을 뿐만 아니라 삐걱거리던 기존의 민주주의마저 후퇴시키는 결과를 가져오고 말았다. 거대 양당은 자신들의 의석수 확대를 위한 위법적 담합 행위를 공직선거법의 맹점 탓으로 돌렸지만, 이는 명백한 책임 회피에 불과하다. 위성정당 창당은 양당이 새로운 법을 힘으로 무력화한 것이다. 법치주의를 파괴하는 이러한 무력행사는 양당의 주도 아래 이루어진 행위였지만, 주연을 흉내 내고 싶어 한 여러 조연의 역할도 빼놓을 수 없었다. 이들은 위성정당을 정당화하는 논리를 만들고자 머리를 싸맸고, 위성정당으로 가는 징검다리로서 '플랫폼 정당'을 고안했다.

사상 초유의 비례대표 전용 위성정당 창당과 양당의 비례대표 선거 불참 사태는 새로운 선거제도를 압살하고 선거 민주주의의 후퇴를 불러 왔다. 더욱이 선거 과정에서 동원된 각종 편법과 절차 및 규정의 무력화는 선거 민주주의를 더욱 꼼꼼하게 훼손했다. 예를 들어, 위성정당 비례대표 후보 공천 과정에서의 불투명성과 본체(本體)정당의 직접적인 개입, 비례대표 후보 추천에 관한 민주적 절차 규정의 무력화와 폐지, 불법적인 위성정당과 본체정당 간의 일체화된 선거운동, 유권자들에게 혼란을 일으키는 유사 정당명의 사용 등이 그러했다.

각종 법령에 따르면, 정당은 자발적인 정치 결사체이며 민주적인 활동을 수행하는 조직으로 규정된다. 그러나 본체정당에 직접적으로 종속된 위성정당은 이러한 정당의 본질적 정의에 정면으로 배치된다. 위성정당은 독자적인 목적과 지향을 지니고 자발적으로 결성된 조직이 아니고, 민주적인 활동을 지속하며 민주정치의 발전에 기여하는 조직도 아니다. 위성정당이 법에 규정된 정당의 일반적인 정의와 목적에 반하는 것이 분명함에도 중앙선거관리위원회(이하 선관위)는 위성정당의 등록을 수리함으로써 합법성을 부여했다. 이는 헌법상 독립기구인 선관위의 역할과 책임에 대한 심각한 의문을 제기하게 만든다. 정당 민주주의는 이런 방식으로 후퇴하고 말았다.

제22대 총선이 종료되면서 위성정당 논란은 다시 수면 아래로 잠복했다. 어떤 문제도 해결되지 않은 채 일시적인 소강상태에 접어들었다. 거대 양당은 이번 총선을 앞두고 다시 위성정당을 만들면서 총선 이후 이 문제를 어떻게 처리하겠다는 구체적인 방침을 밝힌 적이 없다. 이는 그들이 여전히 위성정당을 정치적 도구로 활용할 의도가 있음을 시사한다. 이대로라면 2028년 제23대 총선에서도 위성정당 사태가 반복될 가능성이 크다. 만약 이러한 사태가 또다시 재연된다면 과거 유신체제가 '한국적 민주주의'라는 미명으로 내세워졌듯이, 위성정당이라는 가장(假裝)정당이 때마다 고개를 내미는 선거체제가 이른바 'K-민주주의'로 내세워질지도 모른다. 새로 도입한 비례대표제를 한 번 시행해 보지도 않고 위성정당 설립으로 처음부터 무력화한 것도, 모두가 앞다투어 방지하겠다더니 약속을 뒤집으며 위성정당을 또다시 만든 것도 한국이 세계 최초다.

이 책은 위성정당을 내세운 한국식 좀비 민주주의의 창궐을 눈앞에 두고 볼 수만은 없다는 절박한 인식에서 출발했다. 지금은 위성정당 사태의 막전 막후를 깊이 들여다보고, 민주주의에 파고든 이 악성종양의 침투 범위를 확인한 다음 이를 도려내는 작업을 과감히 시작해야 할 때이다. 악성종양을 잘라내는 것이 쉬운 일이 아니지만, 민주주의의 기초 체력을 키우고 면역력을 강화하는 일 또한 이와 함께 이루어져야 할 시급한 과제다. 민주주의를 위협할 수 있는 또 다른 형태의 좀비 등장에도 대비해야 하기 때문이다.

이 책은 크게 세 부분으로 구성되어 있다. 1부에서는 위성정당의 출현

과정과 그 실체를 낱낱이 파헤친다. 먼저 위성정당의 정의를 명확히 하고, 이를 특징짓는 다섯 가지 주요 요소를 설명한다. 이어서 제21대와 제22대 총선에서 위성정당이 어떻게 등장했는지 면밀히 살펴본다. 특히 위성정당 등장의 배후에 있는 정치세력들의 역할과 그들의 개입 방식을 구체적으로 들여다본다. 마지막으로, 위성정당을 둘러싼 정치과정이 정당 민주주의와 선거 민주주의에 미친 부정적 영향을 평가하며, 이로 인한 민주주의의 훼손과 후퇴 양상을 자세히 검토한다.

2부에서는 위성정당 출현을 가능하게 한 한국 정치의 구조와 주체의 문제를 진단한다. 우선 역사적, 제도적 관점에서 위성정당 등장의 근본 원인을 분석하며, 특히 비례대표제 정치개혁이 실패한 과정을 상세히 검토한다. 또한 양당제 및 이와 연관된 민주대연합 노선이 위성정당 형성에 미친 영향을 평가한다. 아울러 '위성진보' 또는 '위장진보'로 불리는 정치세력의 행위가 위성정당 체제 형성에 어떤 역할을 했는지 분석한다.

3부에서는 위성정당 문제의 근본적 해결을 위한 구체적인 방안을 제시한다. 먼저 단기적으로 필요한 정치개혁 방안을 논의하고, 장기적으로 비례대표제 확대의 필요성과 그 실현 방안을 탐구한다. 이 과정에서 정당정치와 시민사회가 담당해야 할 역할도 함께 고찰한다. 구체적인 개선 방안으로는 선관위의 독립성 강화 및 역할 재정립, 위성정당 방지를 위한 정치관계법 개정, 연동형 비례대표제 또는 완전 비례대표제 도입을 제시한다. 또한 제3지대 정치의 형성과 비판적 시민사회 구축, 새로운 정치개혁운동의 필요성을 강조한다.

이 책은 위성정당의 문제점을 단순히 지적하는 데 그치지 않고, 그 등장 배경을 고찰하며 해결책을 모색하는 포괄적인 접근을 시도한다. 여기서 제시하는 논의와 결론이 유일한 답안은 아니며, 향후 다른 견해에 의해 수정되거나 보완될 여지도 많을 것이다. 이 책이 한국의 정치 현실을 개선하고 더 나은 민주주의의 미래를 모색하는 생산적인 대화의 장(場)에 조금이나마 보탬이 되기를 희망한다. 좀 더 욕심을 낸다면, 이 책이 수면 아래로 가라앉는 위성정당 문제를 다시 끄집어올려 그 해법을 찾아가는 여정의 첫걸음이 되기를 바란다.

1부
-
위성정당 출현과 민주주의 파괴

1장 위성정당이란 무엇인가?

　위성정당이라 알려진, 한국의 제21대 총선에 처음 등장하고 제22대 총선에서 재현된 이 특수한 형태의 정당을 지칭하는 공식 법률 용어는 존재하지 않는다. 이 정당의 등장을 바라보는 시각에 따라 저마다 다양한 명칭을 사용하고 있다. 이 정당의 출현을 긍정적으로 보거나 적어도 묵인하는 측에서는 '비례(전용)정당' 또는 '(비례)연합정당'이라는 용어를 선호한다. 특히 후자의 명칭은 더불어민주당의 위성정당에 참여한 정치세력이 주로 사용한다. 이들 중 일부는 비례대표 선거에서 선의의 연합정치를 추구한 연합정당을 위성정당이라 호명하는 것은 부당하다고 항변한다.

위성정당이라는 용어의 등장

　반면 이에 비판적인 입장에서는 '가짜정당', '괴뢰정당', '떴다방정당', '복제정당', '분신정당', '유사정당' 등 부정적 함의를 담은 다양한 용어들을 사용한다. 나아가 학술적인 관점에서 '위장정당'이라는 용어가 이 정당의 본질을 가장 정확하게 드러낸다는 주장도 있다(박동천 2023, 242).

베네수엘라에서 등장했던 '쌍둥이정당'이라는 용어가 쓰일 수도 있다. 쌍둥이정당 전략은 사실상 한 몸인 두 정당이 각각 비례대표 후보와 지역구 후보만을 내어 의석수 극대화를 추구하는 것을 말한다(강우진 2020). 이 용어들은 모두 총선 시기에 반짝 등장했다 사라지는 이 정당을 실질적인 정당으로 볼 수 없다는 관점에 서 있다. 또한 이 정당은 단순히 이 정당을 앞징세운 정당의 의석수를 극대화하기 위해 편법으로 동원된 도구에 불과하다는 인식이 그 바탕에 깔려 있다.

이 책에서는 위의 용어들 대신 '위성정당'이라는 용어를 일관되게 사용한다. 이는 해당 정당이 독립적으로 존재하는 것이 아니라 다른 정당의 주위를 맴돌고 있다는 의미를 함축한다. 위성정당이라는 용어는 이미 언론에서 널리 사용하고 있다. '위성'이라는 단어가 갖는 부정적 의미에도 불구하고 찬성과 반대 진영을 넘어 보편적으로 통용되는 표현으로 자리를 잡았다. 헌법재판소 결정문에서도 위성정당이라는 명칭이 쓰인 바 있다.[1]

한편 위성정당과 짝을 이루는 정당을 지칭하는 용어로 '모(母)정당'이 사용되기도 한다. 그러나 이 책에서는 '본체(本體)정당'이라는 용어를 채택한다. 본체라는 단어가 위성과 더 잘 대응하는 개념일 뿐만 아니라, 젠더 중립적인 성격을 가지고 있어 좀 더 적합하다고 판단하기 때문이다. 다음의 〈표 1〉은 제21대, 제22대 총선을 전후하여 등장했다 사라진 거대 양당의 위성정당 현황을 보여준다. 위성정당은 모두 본체정당과의 흡수합당 방식으로 소멸했고, 존속 기간이 최소 56일, 최장 114일에 불과한 초단명 정당이었다.

---

1) 헌법재판소 결정, 2019헌마1443 등 병합, 2023.07.20. 부록 4 참조.

표1 제21대, 제22대 총선에 등장한 위성정당 현황

	제21대 총선		제22대 총선	
본체정당	미래통합당	더불어민주당	국민의힘	더불어민주당
위성정당	미래한국당	더불어시민당	국민의미래	더불어민주연합
창당일	2020.02.05.	2020.03.18.	2024.02.27.	2024.03.03.
해산일(신고)	2020.05.29.	2020.05.18.	2024.04.23.	2024.05.02.
해산방식	흡수합당	흡수합당	흡수합당	흡수합당
존속 기간	114일	61일	56일	60일

위성정당의 특징을 살펴보기에 앞서 위성정당 등장의 직접적인 배경이 되는 준연동형 비례대표제를 이해하는 것이 필요하다. 2019년 12월 27일 공직선거법 개정안이 국회 본회의를 통과함으로써 이전의 병립형 비례대표제가 준연동형 비례대표제로 바뀌었다. 두 제도 모두 지역구 선거에 한 표, 비례대표 선거에 한 표를 행사한다는 점은 같다. 하지만 병립형 비례대표제는 지역구 선거가 비례대표 선거와 아무런 관련 없이 별개로 치러지는 제도이고, 준연동형 비례대표제는 말 그대로 연동형 비례대표제에 미치지는 못하지만 지역구 선거 결과와 비례대표 선거 결과를 부분적으로나마 연동해 놓은 제도이다.

위성정당 등장의 배경, 준연동형 비례대표제

준연동형 비례대표제를 파악하기 위해서는 연동형 비례대표제의 이해에서 출발해야 한다. 연동형 비례대표제는 원칙적으로 비례대표 선거에서 정당이 획득한 득표율로 지역구 의석수와 비례대표 의석수를 합한 전

체 의석수를 결정하는 제도이다. 따라서 지역구 의석이 일정 비율로 존재함에도 비례대표제 성격이 지배적인 제도로 볼 수 있다. 예를 들어, 지역구 의석과 비례대표 의석의 비율은 논외로 하고 전체 의원정수가 300일 때, 한 정당이 지역구 선거에서 10석을 얻었고 비례대표 선거에서 10%를 득표했다면, 이 정당의 전체 의석수는 300의 10%인 30석이 된다. 그런데 지역구 선거에서 이미 확보한 10석이 있으므로 비례대표 의석은 30석에서 10석을 뺀 나머지인 20석이 된다.

비례대표 선거가 치러진 제17대 총선부터 제22대 총선까지 가장 정당 득표율이 높았던 사례는 42.8%를 기록한 제19대 총선의 새누리당이었다. 이 경우를 제외하면 총선에서 40% 이상의 정당 득표율을 획득한 사례는 아직 없다. 이를 참고하여 연동형 비례대표제를 한국에서 실시한다고 가정하고, 지역구 의석과 비례대표 의석비율을 2:1로 두고 의원정수가 300인 상황에서 한 거대정당이 40%의 정당 득표율을 기록한다면, 이 정당의 전체 의석수는 300의 40%인 120석이 된다. 이 정당이 지역구 선거에서 200석의 절반인 100석을 획득하면 비례대표 의석은 120석에서 100석을 뺀 20석이 된다. 병립형 비례대표제였다면 이 정당의 비례대표 의석은 100석의 40%인 40석이었을 것이다. 거대 양당이 같은 조건에서 의원 20명이 줄어들 수 있는 이런 제도를 반길 리가 없다. 병립형 비례대표제보다는 약간의 손해를 감수할 의향이 있으나 연동형 비례대표제만큼 큰 손해는 감당하지 않겠다는 의도가 결국 준연동형 비례대표제라는 변종을 탄생시켰다.

위의 사례를 준연동형 비례대표제에 다시 적용해 보자. 계산의 편의를 위해 의석할당정당이 추천하지 않은 지역구 국회의원 당선인 수가 0이라고 가정하고 공직선거법 제189조에 규정된 '연동배분의석수'를 계산한다.

> 연동배분의석수
> = [(국회의원정수 - 의석할당정당이 추천하지 않은 지역구국회의원당선인수)
>   × 해당 정당의 비례대표국회의원선거 득표비율
>   - 해당 정당의 지역구국회의원당선인수] ÷ 2

먼저 연동형 비례대표제에서의 계산과 마찬가지로 의원정수 300의 40%인 120에서 지역구 당선인 수 100을 뺀 값을 구한다. 이 20을 다시 절반으로 나눈다. 연동률 50%를 적용한 것이다. 즉, 10이 연동배분의석수로 정의된다. 물론 이것이 비례대표 최종의석수는 아니다.

연동형 비례대표제에서 나올 수 있는 비례대표 의석수 결과를 다시 절반으로 나누는 계산식 때문에 최소한 이론적으로는 의석을 할당받는 정당들의 연동배분의석수를 합한 값이 비례대표 의석정수보다 훨씬 적어질 가능성이 있다(실제로는 위성정당이 없었다고 해도 이와 반대로 비례대표 의석정수가 연동배분의석수 합계보다 적어 이러한 메커니즘이 작동하지 않는다. 이에 대해서는 5장 참조). 그렇다면 비례대표 의석정수와 연동배분의석수 합계 사이의 차이에 해당하는 비례대표 의석을 다시 각 정당에 할당하는 일이 필요하게 된다.

이때 각 정당이 추가로 가져갈 수 있는 의석수가 바로 '잔여배분의석수'로 정의된다. 잔여배분의석수 계산은 비례대표 의석정수와 연동배분의석수 합계 사이의 차이에 정당 득표율을 곱하는 방식으로 이루어진다.

> 잔여배분의석수 = (비례대표국회의원 의석정수 - 각 연동배분의석수의 합계)
>   × 비례대표국회의원선거 득표비율

이는 병립형 비례대표제에서의 계산과 똑같은 방식이다. 즉, 준연동형 비례대표제의 이론적 설계는 연동형 비례대표제와 병립형 비례대표제 각각의 특징을 결합하는 방식으로 완성되었다. 물론 실제로는 턱없이 적은 비례대표 의석정수 때문에 이러한 설계 의도가 제대로 실현될 수 없었고, 이마저도 위성정당의 출현으로 아무런 의미가 없게 되었다.

하지만 이 점은 일단 논외로 하고 준연동형 비례대표제가 원래 의도한 바를 올바로 이해하기 위해 계속 예를 들어보자. 비례대표 의석정수가 위의 예와 마찬가지로 100이고 연동배분의석수의 합계가 50이라고 가정하면, 그 차이인 50을 병립형 비례대표제처럼 정당 득표율을 곱해 각 정당에 할당하는 것이 준연동형 비례대표제의 계산 방식이다. 앞의 예에서 40%의 정당 득표율을 기록하고 지역구 당선인 수가 100인 정당의 잔여배분의석수는 따라서 50의 40%인 20이 된다. 그렇다면 이 잔여배분의석 20석과 앞에서 계산한 연동배분의석 10석을 합하면 해당 정당은 총 30석의 비례대표 의석을 획득할 수 있다.

다른 복잡한 변수를 제외하고 제도의 기본적인 특징을 파악하기 위해 단순화한 사례이긴 하지만, 위의 사례는 해당 정당이 병립형 비례대표제에서 140석(지역구 100석, 비례대표 40석), 연동형 비례대표제에서 120석(지역구 100석, 비례대표 20석), 준연동형 비례대표제에서 130석(지역구 100석, 연동배분의석수 10석, 잔여배분의석수 20석)을 얻을 수 있다는 것을 보여준다. 5장에서 자세히 살펴보겠지만, 위성정당이 등장한 준연동형 비례대표제는 병립형 비례대표제와 거의 동일한 결과를 산출한다. 즉, 위에서 예로 든 정당이 위성정당을 만들면 준연동형 비례대표제임에도 불구하고 140석을 그대로 챙길 수 있다는 뜻이다.

위성정당의 기본 특징

거대정당이 위성정당 창당의 유혹에 빠지는 이유는 앞에서 살펴본 바와 같이 아주 단순하다. 의석수 늘리기다. 선거의 비례성과 대표성을 제고한다는 준연동형 비례대표제의 입법 취지나 목적을 외면한 채 의석수를 늘릴 수만 있다면야 꼼수든 편법이든 상관없다는 태도가 위성정당을 낳았다. 위성정당은 다음과 같은 다섯 가지 주요 특징을 갖는다.

① 목적: 위성정당의 주된 목적은 본체정당이 비례대표 의석을 추가로 획득할 수 있도록 하는 것이다. 현행 준연동형 비례대표제는 한 정당의 지역구 당선인 수가 많을수록 해당 정당에 할당하는 비례대표 의석수가 일정하게 줄어들도록 설계된 제도이다. 하지만 지역구 선거에 참여하지 않고 비례대표 선거에만 참여하는 위성정당이 있다면 이 정당은 지역구 당선인 수 자체가 존재하지 않으므로 비례대표 의석수의 감소가 일어나지 않는다. 따라서 본체정당의 지역구 의석수가 비례대표 의석 획득에 아무런 영향을 끼칠 수 없도록 별도의 위성정당을 설립하는 것이다.

② 설립과 해산: 위성정당은 지역구에서 다수 의석을 차지할 것으로 예상되는 거대정당, 즉 본체정당이 직접 주도하여 설립한다. 지역구에서 다수 의석을 기대하기 어려운 소수정당의 경우 굳이 실익이 없는 위성정당을 만들 이유가 없다. 구체적인 예로, 제21대 총선에서는 더불어민주당이 더불어시민당을, 미래통합당이 미래한국당을 만들었다. 제22대 총선에서는 더불어민주당이 더불어민주연합을, 국민의힘이 국민의미래를 만들었다. 그리고 이들 위성정당은 모두 총선 직후 본체정당으로 흡수합당되면서 해산되었다.

③ 공천 과정: 위성정당은 형식상 자체 공천관리위원회 등을 두어 비례대표 후

보자를 심사하고 후보자명부를 작성하지만, 위성정당 비례대표 후보자의 공천 과정은 실제로 본체정당의 직접적인 지시 또는 사전 협의를 통해 이루어진다. 이는 위성정당에 참여하는 본체정당 출신 비례대표 후보자뿐만 아니라 다른 소수정당이 직접 선출하여 위성정당으로 파견한 비례대표 후보자에게도 마찬가지로 적용된다. 본체정당 지도부는 파견된 후보자의 적절성을 판단하여 후보자 교체를 요구하고 이를 관철한다.

④ 선거 및 홍보 전략: 위성정당의 선거 및 홍보 전략 역시 본체정당에 전적으로 종속되어 있다. 본체정당은 불출마 의원을 중심으로 비례대표 의원은 제명하고 지역구 의원은 탈당하도록 하여 위성정당의 의석수를 늘리는 작업을 진행한다. 이를 통해 위성정당의 정당명부 기호 순위 결정에 직접 관여한다. 위성정당의 선거구호나 홍보 전략은 물론 선거운동 전반은 본체정당과 보조를 맞춘다. 이는 두 정당이 형식상으로는 별개의 정당이지만 실질적으로는 하나의 정치적 실체라는 점을 잘 보여준다.

⑤ 존속 기간: 위성정당은 초단기간 존속이 특징이다. 제22대 총선에 나타난 국민의미래는 불과 두 달도 되지 않는 56일을 존속했다. 제21대 총선의 미래한국당은 114일을 존속했다. 위성정당의 설립부터 해산에 이르는 기간이 짧게는 두 달, 길게는 넉 달 정도였다. 이는 위성정당이 정상적인 정당 활동과는 무관하며 특수한 목적을 지닌 한시적 임의단체에 불과하다는 사실을 증명한다. 국민의 정치적 의사 형성 과정에 꾸준하게 참여하는 것이 정당의 본질 가운데 하나인 바, 위성정당은 이러한 본질에 정면으로 반하는 존재이다.

이러한 특징들을 종합하면, 위성정당은 공직선거법과 정당법의 허점을 교묘하게 이용한 편법적 산물이다. 준연동형 비례대표제는 표의 비례성 향상을 통해 유권자의 의사를 국회 구성에 좀 더 공정하게 반영하고 정치적 대표성을 제고하기 위해 도입되었다. 그러나 위성정당의 출현으로 이 제도의 본질적 취지가 훼손되었고, 거대 양당의 독주는 새로운 선거제도를 무력화시키며 거침없이 지속되었다.

위성정당 vs 연합정당

위성정당을 둘러싼 논란은 정치 진영에 따라 다르게 나타났다. 국민의힘 측에서는 위성정당을 둘러싼 논란이 거의 일어나지 않았다. 그들은 준연동형 비례대표제가 자신들이 원래부터 찬성하지 않았던 제도라며 이를 반대하고 무시하는 일관된 전략을 택했다. 위성정당 창당도 이 전략의 일부에 불과했다. 반면 더불어민주당 진영에서는 이를 둘러싼 논란이 적지 않았다. 이재명 더불어민주당 대표는 제21대 총선이 끝나고 위성정당 창당에 대해 여러 차례 사과했고, 제22대 총선을 앞두고 '준위성정당' 창당 계획을 밝히면서 또다시 사과했다.[2]

더불어민주당의 위성정당에 참여하면서도 위성정당을 위성정당이라 부르기를 거부하는 정치세력도 있었다. 특히 제22대 총선에서 더불어민주연합에 동참한 새진보연합과 진보당은 위성정당을 끝까지 위성정당이라 부르지 않고 연합정당이라 칭했다. 이들은 자신들이 추구한 연합정치의 소중한 결실을 위성정당이라 명명하는 것은 흑색선전이라며 강하게 반발하기도 했다. 정치적 실리도 챙겨야 하지만 정치적 명분에도 흠집을 내고 싶지 않은 욕심이 컸기 때문으로 짐작된다.

흥미로운 점은 이들도 위성정당을 비판한다는 사실이다. 하지만 그 대

---

2) 광주 찾은 이재명 "준연동제 안에서 승리의 길 찾겠다", 프레시안, 2024.02.05.

상은 오직 국민의힘이 만든 위성정당에 국한된다. 이들이 비판하는 진정한 위성정당은 국민의미래와 같이 당선된 의원 전원이 본체정당으로 복귀하는 경우만을 말한다. 더불어민주연합처럼 본체정당에 모두 귀속되지 않고 원래 정당으로 귀환하는 의원이 적어도 1명 이상 존재한다면, 그것은 진짜 위성정당이 아니라 선거연합이라고 주장한다. 지극히 자의적이고 편의적인 구분법이나. '내로남불' 행태를 가리려고 티끌만 한 차이를 태산으로 부풀린 격이다.

하지만 위성정당에 아무리 선거연합의 외피를 씌워봤자 그 본질은 여전히 위성정당에 불과하다. 위성정당이 아니라 선거연합이라는 주장은 어불성설이다. 이는 더불어민주당 주도의 위성정당을 옹호하기 위해 현실을 호도하는 프레임에 불과하다. 2020년 총선을 앞두고 만들어진 더불어민주당의 위성정당 플랫폼 중 하나인 '정치개혁연합'을 주도한 하승수 전 녹색당 공동운영위원장이 일찌감치 이 프레임을 제시한 바 있다.[3]

위성정당이면서 동시에 선거연합의 성격이 가미될 수는 있겠지만, 그 본질이 바뀌지는 않는다. 물론 자신의 의석을 최대한 늘려 기득권을 수호하려는 세력과 이에 협조하는 대가로 의회 권력에 무임승차하려는 세력 사이의 선거연합이라는 사실도 부정할 수 없다.

위성정당 vs 준위성정당

앞서 더불어민주당 이재명 대표가 말한 준위성정당은 단지 국민의힘 위성정당과의 차별화를 위해 만들어낸 개념에 불과하다. 그렇지만 이와 달

---

3) 하승수, 위장정당 꼼수에는 연합정치라는 정공법으로, 미디어스, 2020.02.28.

리 준위성정당이라는 개념을 실제로 사용할 수 있는 경우도 있다. 앞서 언급한 위성정당의 대표적인 특징을 완벽히 갖추지는 않았지만, 실질적인 의미에서 위성정당과 유사한 정당을 준위성정당이라고 지칭할 수 있기 때문이다. 예를 들어, 제21대 총선에서의 열린민주당, 제22대 총선에서의 조국혁신당은 더불어민주당의 준위성정당으로 볼 수 있다.

열린민주당은 2020년 정봉주 전 의원이 주도하고 손혜원 전 의원이 합류해 창당한 더불어민주당 계열의 정당으로 볼 수 있다. 제22대 총선에서 조국혁신당이 그랬듯이 열린민주당은 제21대 총선에서 비례대표 후보만 공천했다. 이들 정당은 본체정당의 직접적인 계획이나 지원으로 설립된 것이 아니고, 본체정당과의 사전 협의를 통해 비례대표 후보 공천을 진행하지도 않았다. 또한 본체정당의 계획에 기초하여 선거 전략을 수립한 것도 아니다. 즉, 이들 정당은 형식적으로는 최소한의 독립성을 갖췄다. 하지만 실질적으로는 본체정당과 완전히 별개의 정당으로 취급하기 어렵다는 점에서 준위성정당으로 분류할 수 있다. 열린민주당은 2022년 1월 18일 결국 다른 위성정당처럼 본체정당인 더불어민주당에 흡수합당되며 해산하는 길을 걸었다.

문재인 정부 시절 민정수석비서관과 법무부장관을 지낸 조국은 허위공문서작성과 청탁금지법 위반 등으로 2024년 2월 8일 항소심에서 1심과 같은 징역 2년을 선고받았으나 법정구속은 면했다. 그리하여 3월 3일 조국을 당대표로 한 조국혁신당 창당이 성사되었다. 정의당 사무총장을 지냈고 MBC 라디오 '신장식의 뉴스하이킥'을 진행했던 신장식은 조국혁신당의 대변인으로 변신했다. 그는 제22대 총선 과정에서 "학익진의 맨 앞에는 (공격을 선도하는) '망치선'이 있는데 조국혁신당이 망치선 역할을 하겠다. 본진(민주당)이 완전히 포위해 달라"고 주장했다.[4] 지난 총선에서 유행했던 '지민비조(지역구 후보 투표는 더불어민주당, 비례대표 후보 투표는 조국혁신당)'라는 신조어도 양당의 밀접한 관계를 잘 보여준다. 이는 조국 당대표가 조국혁신당의 창당 준비 단계부터 설파하던 구상이다. 모두 두 정당이 사실상 한 몸인데 서로 역할만 다를 뿐이라는 사실을 보여준다.

임시 위성정당 vs 상설 위성정당

한편 위성(satellite)의 사전적 의미는 천체의 주위를 공전하는 천체(natural satellite)나 인공적 물체(artificial satellite)이고, 비유적 의미는 어떤 강한 대상의 영향력 아래에 있는 부수적, 종속적 대상을 말한다. 사전적 의미이든 비유적 의미이든 위성이라는 존재는 대체로 오랜 기간 존속하는 특징이 있는데, 앞에서 정의한 위성정당은 존속 기간이 매우 짧다는 것이 대표적인 특징 가운데 하나이다. 따라서 이러한 위성정당은 '임시 위성정당'이라 부르고, 이 임시 위성정당에 직접 참여하거나 참여하지 않더라도 본체정당의 영향력 아래에 있는 정당을 모두 '상설 위성정당' 또는 그냥 '위성정당'이라고 부르자는 제안을 할 수도 있다.

이러한 용법에 따르면, 지난 두 차례 총선에서 임시 위성정당에 참여한 적이 있는 기본소득당과 진보당은 물론, 임시 위성정당에 참여하지는 않았으나 앞에서 정의한 준위성정당에 포함되는 열린민주당과 조국혁신당은 모두 상설 위성정당의 범주로 한데 묶을 수 있다. 이들 정당은 모두 더

---

4) 민주당 향한 조국의 '지민비조' 제안…"망치선이 앞장, 본진은 포위를", 경향신문, 2024.03.06.

불어민주당의 직간접적인 영향권 아래에 포섭되어 있다는 점에서 본질적인 의미의 위성정당이라 칭할 수 있기 때문이다. 이 책에서는 비례대표 선거 참여만을 목적으로 하여 총선 전후에 등장했다가 사라지는 이 특수한 정당을 가리키기 위한 용도로 이미 사회적으로 통용되고 있는 위성정당이라는 용어를 다만 편의상 그대로 사용할 뿐이다.

위성정당과 공존할 수 없는 한국 민주주의의 미래

위성정당은 준연동형 비례대표제의 근본 취지인 선거의 비례성과 대표성 강화를 실질적으로 무력화하는 핵심 수단이다. 비례대표 의석배분 결과만을 놓고 볼 때, 위성정당을 허용하는 준연동형 비례대표제는 이전의 병립형 비례대표제와 사실상 같은 결과를 가져온다. 더 큰 문제는 이 위성정당의 창당과 운영에 각종 편법과 탈법이 동원되며, 위성정당을 둘러싼 제반 정치과정이 정당 민주주의와 선거 민주주의를 심각하게 훼손한다는 점이다. 이런 측면에서 위성정당을 허용하는 현행 준연동형 비례대표제가 병립형 비례대표제보다 더 나은 제도라고 평가하기는 어렵다. 그러나 위성정당 주창자들은 위성정당이 가능한 현 제도가 병립형 비례대표제보다 한층 진일보했다는 잘못된 확신에 차 있다. 실질은 퇴행인데, 허울만은 붙잡고 있겠다는 태도다.

위성정당의 출현 그 자체는 오늘날 한국 정치와 민주주의의 특수성을 보여주는 동시에 그 수준을 가늠케 해주는 시금석이다. 위성정당은 준연동형 비례대표제의 입법 취지와 목적을 정면으로 거스를 뿐 아니라 민주주의를 여러 방면에서 공격한다. 예를 들어, 위성정당은 자율적이고 민주적인 정당의 설립과 활동의 자유에 반하거나 이를 침해한다. 본체정당과 쌍둥이 선거운동을 벌이는 위성정당은 공정한 선거운동과 경쟁을 저해한다. 유권자가 평소 지지하는 정당을 투표용지에서 인위적으로 삭제하고 이를 위성정당으로 대체하는 것은 유권자의 선택권을 침해한다. 독립적인 정치적 실체와 근거 대중이 없는 위성정당은 정당정치의 책임성과 대표성을 무너뜨린다. 위성정당은 독립적인 제3의 정치세력을 고립시키고 의석 확보를 노리는 일부 소수성당을 포획함으로써 양당제를 또 다른 방식으로 강화한다.

위에서 거칠게 열거한 문제들은 단순히 준연동형 비례대표제에 맹점이 있다거나 이와 관련한 법과 제도가 미비하다는 점 때문에 생긴 것은 아니다. 그 근저에는 한국 민주주의의 본질적인 약점이 숨어 있다. 이 약점은 정치구조와 제도의 문제에서부터 정치 주체의 문제에 이르기까지 전방위적이다. 위성정당의 문제를 본격적으로 해부하는 일은 이 약점을 파헤치는 일과 동떨어져 있지 않다. 눈앞의 위성정당을 막기 위한 처방전이 대증요법에 가깝다면, 이 약점을 극복하며 체력을 회복하는 일은 원인요법이라 할 수 있다. 대증요법과 원인요법을 동시에 사용하는 것은 많은 경우에 바람직할 뿐만 아니라 더 나은 결과를 가져온다. 우리가 지금 한국 민주주의의 퇴행을 막고 오히려 한 단계 더 성숙한 민주주의로 나아갈 수 있는 전환점에 설 것인지 아니면 무저갱(無底坑)으로 빠져들고 말 것인지는 적절한 대증요법과 원인요법을 찾아 이를 함께 실천할 수 있는가에 달려 있다.

2장 위성정당의 예정된 기습
: 제21대 총선

지난 2018년 노회찬 정의당 의원은 제20대 국회 정치개혁특별위원회 위원장을 맡을 예정이었다. 그와 많은 이들의 숙원이었던 연동형 비례대표제 도입이 가시권에 들어오고 있었다. 하지만 2018년 7월 23일 그는 허망하게도 스스로 생을 마감하는 선택을 했다. 그가 떠난 지 사흘 뒤인 7월 26일 정치개혁특별위원회가 공식적으로 설치되었다. 고 노회찬 의원을 대신해 심상정 정의당 의원이 위원장을 맡아 논의를 이끌었다. 2019년 4월 30일 정치개혁특별위원회는 준연동형 비례대표제 도입을 골자로 한 선거제도 개혁 법안을 패스트트랙으로 지정하는 데 성공했다. 이는 비례대표 의석을 75석으로 늘리고 지역구 의석을 225석으로 줄이면서 준연동형 의석배분 방식에 기초한 권역별 비례대표제와 석패율제(惜敗率制)를 도입하는 개혁안이었다.

누더기가 된 비례대표제 개혁, 설상가상으로 위성정당까지

　독일이나 뉴질랜드와 같은 연동형 비례대표제와 한참 거리가 있는 이 개혁 법안조차 국회 논의 과정에서 후퇴를 거듭했다. 권역별 비례대표제와 석패율제가 사라지면서 비례대표 의석수도 47석으로 줄었다. 또한 특례 신설로 제21대 총선에는 이 가운데 단 30석만 순연동형 비례대표제를 적용하기로 했다. 2019년 12월 27일 이 같은 내용을 담은 공직선거법 개정안이 국회 본회의를 통과했다. 총 295명의 의원 중 찬성 156명, 반대 10명, 기권 1명, 불참 139명이었다. 오랜 진통 끝에 '준연동형'이라는 명칭을 쓴 불완전한, 사실상 누더기가 된 비례대표제가 통과된 것이다. 하지만 이것이 끝이 아니었다. 위성정당이라는 큰 변수가 등장할 조짐이 나타났다.

　당시 자유한국당(2020년 2월 17일 미래통합당으로 신설합당)은 연동형 비례대표제 논의 자체를 반대했다. 2019년 3월 10일 나경원 자유한국당 원내대표는 비례대표 의석을 아예 없애고, 의원정수를 10% 감축하여 270석을 모두 지역구에서 선출하자는 선거제도 개편안을 내놓았다. 한마디로 역주행이었다. 그는 이날 기자간담회에서 "내 손으로 뽑을 수 없는 비례대표 국회의원을 폐지하는 것을 전 세계 선진국들이 시행하고 있다"고 말했다.[5] 가짜뉴스였다. OECD 국가 다수는 개방형 명부(Open-list) 또는 폐쇄형 명부(Closed-list) 방식의 전면적인 비례대표제를 시행하고 있다(9장 〈표 15〉 참조). 전 세계적으로도 비례대표제는 점점 확대되는 추세이다.

　2019년 8월 23일 정치개혁특별위원회 제1소위원회 회의에서 장제원

---

5) 비례대표 없애자는 한국당의 '퇴행', 한겨레, 2019.03.10.

자유한국당 의원은 처음으로 '비례한국당'이나 '비례민주당'과 같은 위성정당의 출현 가능성을 언급했다. 장제원 의원은 8월 26일 정치개혁특별위원회 전체회의에서도 "위성정당이 생기고 비례정당이 출현해서 민심을 왜곡한 단합된 꼼수가 난무하는, 총선이 교란되고 민심이 왜곡되는 결과가 나올 가능성에 대해서 중앙선거관리위원회에서도 인정했습니다"라고 말했다(국회사무처 2019). 회의에 참석한 정치개혁특별위원회 위원 가운데 장제원 의원이 언급한 '위성정당'에 주의를 기울이고 질문을 던진 사람은 아무도 없었다. 선관위 측 참석자도 아무런 말을 보태지 않았다.

일찌감치 선전포고한 자유한국당

2019년 10월 13일 자유한국당 한 의원의 입에서 처음으로 위성정당 창당 언급이 나왔다. 이날 CBS 노컷뉴스의 취재에 응한 당 지도부의 한 의원은 "만일 선거법 개정안이 본회의를 통과하면, 우리 당도 해당 제도에 대비해 비례대표용 정당을 만들 수밖에 없다"며 "민주당과 정의당의 구도처럼 지역구는 한국당에, 비례대표는 신설 정당이 담당하는 방식으로 대응해야 한다"고 말했다.[6]

2019년 12월 19일 공직선거법 개정안 통과가 가시화되자 위성정당 창당에 대한 좀 더 구체적인 언급이 나왔다. 박완수 자유한국당 사무총장은 이날 기자들에게 "연동형 선거법이 국회를 통과해서 시행되게 되면 비례정당을 일단 만들 수도 있기 때문에 지금 실무적인 준비는 하고 있다"고

---

6) '연동형 비례제' 코너 몰린 한국당, 위성정당 대안까지, 노컷뉴스, 2019.10.14.

밝혔다.[7] 개정 선거법 통과 하루 전인 12월 26일에는 황교안 자유한국당 대표가 자신의 SNS를 통해 "선거법이 이대로 통과된다면 비례대표 한국당을 반드시 만들겠다"고 공식 선언했다.[8]

자유한국당의 위성정당 창당은 예정된 수순을 따랐다. 2020년 2월 5일 국회도서관 대강당에서 헌정 사상 첫 위성정당인 미래한국당의 중앙당 창당대회가 열렸다. 한선교 전 자유한국당 의원이 대표로 선출되었다. 그런데 비례대표 후보자 추천을 놓고 잡음이 있었다. 미래통합당(이전 자유한국당)이 영입한 인재들이 당선권 밖에 배치된 것이 화근이었다. 3월 19일 미래한국당 지도부가 제출한 명단이 선거인단 투표에서 부결되자 한선교 대표는 사퇴했다. 하루 뒤인 3월 20일 원유철 의원이 대표로 추대되었다.

2019년 8월 말 장제원 의원이 위성정당의 가능성을 언급한 시점부터 12월 말 공직선거법 개정안이 통과되기까지 4개월이라는 적지 않은 시간이 있었다. 선거제도 개혁을 주도했던 이들은 처음에 위성정당의 출현 가능성에 주목하지 않았다. 미래통합당이 으름장을 놓을 때는 실제로 실행에 옮기지는 않을 것이라며 방심했다. 결국 아무런 대책 없이 4개월이 흘렀다. 개정 선거법 통과 이후 미래통합당이 위성정당 창당을 공식화했을 때도 그것이 미칠 파장을 과소평가했다.

당시 정의당 관계자들은 더불어민주당만은 위성정당 대열에 휩쓸리지 않을 것이라는 강한 믿음을 갖고 있었다. 근거가 전혀 없지는 않았다. 2019년 12월 30일 이재정 더불어민주당 대변인은 BBS불교방송 '이상휘

---

7) 한국당, 누더기 선거법 정쟁 속 '비례한국당' 창당 준비…여 '당혹', 뉴스핌, 2019.12.19.
8) 황교안 "선거법 통과되면 비례한국당 반드시 만들겠다"…창당 공식화, 뉴스핌, 2019.12.27.

의 아침저널'과의 인터뷰에서 "(민주당 내부에서 우리도 비례민주당을 만들자) 그렇게 해야 되지 않나 하는 식의 얘기가 단 한 번도 나오지 않았다면 거짓말일 수 있다"면서도 더불어민주당은 자유한국당처럼 위성정당이라는 꼼수를 펼치지 않을 것이라고 분명히 말했다.[9]

또한 2020년 1월 9일 더불어민주당 총선기획단은 전체회의 후 서면 브리핑을 내면서 "민주당은 자유한국당의 '비례자유한국당' 꼼수가 가시화되고 의석수의 현저한 감소가 예상되는 어려운 상황임에도, 국민 상향식 공천의 원칙을 지키고 훌륭한 인재 영입과 정책 제시를 통해 지역구 선거와 비례 정당투표 모두에서 정정당당하게 총선에 임할 것"이라고 밝혔다.[10] 1월 22일 이해찬 더불어민주당 대표도 TBS 라디오 '김어준의 뉴스공장'에 출연해 "우리가 연동형 비례대표를 가지고 선거법을 개정했기 때문에 비례당을 만든다는 것은 정치적 명분이 약하다"고 위성정당 창당 가능성을 일축한 바 있다.[11]

더불어민주당은 다가오는 총선에서 위성정당을 만들지 않겠다는 약속을 했다. 약속을 손바닥 뒤집듯 하는 정당과 정치인에 익숙한 사람들은 물론 이 약속을 믿지 않았지만 말이다.

---

9) 이재정 "비례민주당 말 안 나왔다면 거짓말…공식 검토, 고려는 절대 안 해", 세계일보, 2019.12.30.
10) 민주당 "비례민주당 안 만든다, 한국당 꼼수에 정공법으로 대응", 중앙일보, 2020.01.09.
11) 이해찬 "한국당 비례정당 우려…1당 뺏길 수도", TBS뉴스, 2020.01.22.

무사안일했던 정의당

2019년 12월 19일 오현주 정의당 대변인은 심재철 자유한국당 원내대표가 의원총회에서 위성정당인 '비례한국당'의 창당을 예고한 것에 대해 "자유한국당 의원총회는 아무 말 대잔치를 하는 곳인가?"라며 "페이퍼 정당을 만들어 당이 망해야 정신을 차릴 것인가"라는 경고를 날렸다.[12] 같은 시기 이정미 정의당 의원은 "한국당의 '비례한국당' 창당 운운은 선거제도 개혁을 좌초시키기 위한 허풍일 가능성이 크다"면서 선관위 자문 결과를 볼 때 비례한국당이 만들어지더라도 선거운동은 매우 제한적일 것이라고 내다보았다.[13] 윤소하 정의당 원내대표도 한마디 거들었다. 그는 2019년 12월 22일 자신의 SNS를 통해 "비례한국당 창당해 주길 간곡히 부탁한다. 한국당에게 열렬한 응원과 격려를 보낸다"고 비꼬면서 "내년 총선 폭망하고 달 타령 부르며 위성 탓하지 마시길 바란다"고 자유한국당의 위성정당 창당 움직임을 조롱했다.[14]

심상정 정의당 대표는 2019년 12월 27일 유튜브를 통해 공개한 '심금라이브'에서 "(매번) 선거 때 보면 꼼수나 제도 자체를 가지고 표심을 왜곡하려는 시도가 있을 때는 반드시 역풍이 불었다"고 전제하고 "어떤 분은 보수가 한 5개 정당으로 나눠질 것이라고 한다. 한국당과 유승민당, 이재오당에 박근혜당도 있다"면서 "보수의 분열정치, 배신정치로 (비례한국당)

---

12) [브리핑] 오현주 대변인, 자유한국당 심재철 원내대표 '비례한국당 창당' 발언, 정의당, 2019.12.19.
13) 논란 커지는 '비례한국당'…이정미 "당 만들어도 선거운동 제한적", 뉴스핌, 2019.12.21.
14) 정의당 윤소하 "한국당 비례한국당 꼭 만들라, 열렬한 응원 보낸다", 폴리뉴스, 2019.12.22.

꼼수가 되돌아올 가능성이 높다"고 언급했다.[15]

정의당은 자유한국당을 말잔치나 벌이고 허풍을 떠는 집단으로 생각했다. 자유한국당의 실행력을 과소평가했고, 위성정당 역풍을 잘못 예측했으며, 보수의 분열과 배신을 낙관했다. 한편 더불어민주당에 대한 근거 없는 믿음도 컸다. 이와 관련하여 심상정 전 대표의 말을 직접 살펴보자.

> 나는 민주당을 믿었다. 입법자가 제1의 준법자가 되어야 하는 것이 법치의 기본 원리인데, 명색이 민주화세력이 아닌가? 김대중-노무현 정신을 승계한다는 당 아닌가? 적어도 민주당 자신이 만들어 놓은 법을 스스로 허물며 위성정당까지 쏘는 일이 벌어질 거라곤 상상하지 못했다. (…) 내가 민주당 내의 동향을 파악할 유일한 창구가 유시민이었다. 당시 이해찬 대표가 잘 만나주지 않았기 때문에 그가 유일했다. 그때 시민이는 정의당 당적을 정리한 상태였지만, 선거제도 개혁에 관해서만큼은 애정을 갖고 성원했다. 마치 선거법 개정이야말로 노무현 정신이라는 확고한 믿음을 갖고 있었던 것 같았다. 민주당의 위성정당 가능성에 관해 물었을 때마다, 유시민은 내게 심 대표가 동의하지 않는 상황에서 민주당이 위성정당을 선택하지는 않을 것이라고 말해주었다. (심상정 2023, 73-74)

심상정의 믿음은 결국 틀렸다. 더불어민주당이 심상정의 동의 없이 위성정당을 선택하지 않을 것이라는 유시민의 믿음도 틀렸을 수 있다. 틀린 것이 아니었다면 심상정이 유시민에게 속은 것이다.

---

15) 심상정 "비례한국당, 오히려 보수분열 극대화될 수 있어", 뉴스1, 2019.12.28.

더불어민주당 위성정당의 불쏘시개로 등장한 하승수

더불어민주당은 위성정당에 관해 당시 많은 말들을 내뱉은 상태였다. 심상정 전 정의당 대표가 위의 인용문에서도 언급했듯이 더불어민주당은 준연동형 비례대표제를 추진한 입법자이기도 했다. 따라서 보란 듯이 손바닥을 뒤집는 일은 너무 모양이 빠졌다. 지지자들의 강한 요구 때문에 마지못해 움직이는 것처럼 보이는 적극적인 연출이 필요했다. 위성정당 창당에 대한 적절한 정당화 논리와 비판에 대한 방어 논리도 구축해야 했다. 위성정당 창당에 군불을 지피는 불쏘시개 역할을 하는 사람이 나타난다면 금상첨화였다.

당시 그 역할을 자임했던 이가 있었으니, 바로 하승수 정치개혁연합 집행위원장이었다. 녹색당 공동위원장이기도 했던 그는 2020년 2월 28일 자신의 SNS에 다음과 같은 글을 게재했다. 위성정당이라는 꼼수의 등장을 생각지 못해 죄송하나 더불어민주당 측도 위성정당을 만들어야 한다는 내용이었다. 물론 그는 이를 위성정당이라 부르지 않고 '선거연합정당'이라 불렀다. 위성정당 추진파는 이후에도 줄곧 위성정당을 위성정당이라 부르는 일에 알레르기 반응을 보였다.

> 작년 12월 어렵게 준연동형 비례제가 도입되었지만, 현재로서는 그 열매를 미래한국당이 가져갈 상황이기 때문입니다. (…) 지난 3년 이상 선거제도 개혁운동에 전념해 왔던 저로서는 도저히 감내할 수 없는 상황입니다. (…) 선거제도 개혁논의 당시에 미처 이런 꼼수를 생각하지 못했던 저의 불찰도 큽니다. 그러나 이런 꼼수를 무력하게 방관한다면, 녹색당을 포함한 다양한 소수정당들의 원내 진입도 물거품이 될 뿐만 아니라 미래통합당+미래한국당이 제1당이 될 수

있다는 우려까지 제기되고 있습니다. 그래서 저는 선거연합정당을 추진하는 것이 필요하다고 생각하게 되었습니다. (채진원 2022, 109쪽에서 재인용)

하승수 위원장도 처음에는 위성정당이 불가능할 것이라며 자유한국당의 시도를 비웃었다. 그는 공직선거법 개정안이 국회 본회의를 통과하기 며칠 전 방송에 나와 "비례한국당 만들고 싶으시면 만들어보시라고 말씀드리고 싶습니다. 왜냐하면 비례한국당이라는 것을 만든다는 게 현재의 선거법이나 정당법상 어려움이 굉장히 많습니다"라고 말하면서 "현실로 추진하면 자유한국당이 선거에서 폭망하게 될 것"이라고 단언했다.[16] 그는 꼼수의 등장도 예상하지 못했고, 각종 편법과 꼼수를 묵인한 선관위의 역할도 과소평가했으며, 정의당 관계자들과 마찬가지로 자유한국당이 이를 실행하더라도 결국 실패를 면치 못할 것이라는 잘못된 예측과 인식을 했다.

자유한국당의 경고가 나오기 시작했을 때부터 알 만한 사람들은 이를 알아차렸어야 했다. 상대를 과소평가하는 것은 모든 작전 실패의 주요 요인 중 하나이다. 하승수 위원장은 결국 자유한국당의 위성정당 창당이 현실로 드러나자 부랴부랴 입장을 바꾸었다. 이제 남은 선택지는 더불어민주당의 위성정당 창당밖에 없다는 주장을 폈다. 또한 더불어민주당의 위성정당은 자유한국당과 달리 다른 정당들이 참여할 수 있으므로 위성정당이 아니라 선거연합이라는 주장도 반복해 강조했다.

2020년 2월 말부터 속도를 내기 시작한 더불어민주당 위성정당 플랫폼의 창당 작업은 3월 1일 정치개혁연합 창당 발기인대회로 이어졌다. 김정

---

16) 하승수 "비례한국당? 만들어보시라, 추진하면 폭망", YTN 라디오 이동형의 뉴스 정면승부, 2019.12.23.

헌(화가), 신필균(전 사회복지공동모금회 사무총장), 류종렬(전 흥사단 이사장), 조성우(주권자전국회의 상임공동대표)가 공동위원장으로 선출되었고, 하승수는 집행위원장으로 선임되었다.[17] 발기인으로 김경민 전국 YMCA연맹 사무총장, 김삼렬 독립유공자 유족회 회장, 영화배우 문성근, 이부영 전 의원, 한완상 전 교육부장관, 함세웅 신부, 맛 칼럼니스트 황교익 등이 참여했다. 주목할 만한 점은 정치개혁연합 공동위원장 중 한 명인 조성우가 이로부터 4년 후 제22대 총선에서 더불어민주당 위성정당의 시민사회운동 측 파트너 역할을 한 '연합정치시민회의'의 공동운영위원장을 맡게 된다는 사실이다.

2020년 3월 15일 정치개혁연합은 창당을 완료했다. 하지만 더불어민주당, 정의당, 녹색당, 민중당, 미래당 등과의 연합을 통해 미래통합당의 위성정당에 맞서겠다는 계획은 순조롭게 진행되지 않았다. 정의당은 차마 이 제안을 받을 수 없었다. 다만 녹색당은 당원 총투표를 통해 참여를 결정했고, 민중당도 참여 쪽으로 가닥을 잡았다. 하지만 더불어민주당의 판단이 관건이었다. 더불어민주당은 2020년 3월 8일에 창당 작업을 완료한 또 하나의 더불어민주당 위성정당 플랫폼인 '시민을위하여' 쪽으로 기울고 있었다. 친문 성향의 우희종 서울대 수의학과 교수와 최배근 건국대 경제학과 교수가 이 정당의 공동대표였다.

당시 더불어민주당은 최소한 표면적으로 두 위성정당 플랫폼이 하나로 합쳐지기를 원했다. 하지만 정치개혁연합의 입장은 이에 대해 다소 부정적이었다. 하승수 위원장은 "시민을위하여와 단순 통합을 하면 정치적으로 '친문·친조국' 프레임에 갇힐 수 있고 위성정당 논란에서 자유롭지 못

---

17) '정치개혁연합', 창당 발기인대회 개최, 오마이뉴스, 2020.03.03.

할 수 있다"며 우려했다.[18] 사실 더불어민주당 측에서도 정치개혁연합을 부담스럽게 생각하고 있었다.

2020년 3월 17일 윤호중 더불어민주당 사무총장은 드디어 속내를 드러냈다. 이날 기자회견에서 민중당 등의 참여에 관한 질문에 그는 "이념 문제라든가, 성소수자 문제라든가, 불필요한 소모적인 논쟁을 일으킬 수 있는 정당들과의 연합에는 어려움이 있다"고 말했다.[19] 위헌정당이라 하여 해산된 통합진보당의 후신인 민중당, 성소수자 비례대표 후보가 있는 녹색당과의 연합은 없을 것이라는 말이었다. 정치개혁연합을 배제한 위성정당 창당이 기정사실이 되는 순간이었다.

더불어민주당의 위성정당 메이커 양정철

2020년 3월 19일 하승수 위원장은 MBC 라디오 '김종배의 시선집중'과의 인터뷰에서 "3월 13일 지난주 금요일 날 양정철 원장이 갑자기 전화를 하더니 본인이 '협상권을 다 위임받았다, 전권을 위임받았다'고 하면서 만나자는 제안을 했"다고 밝혔다.[20] 그는 3월 18일 KBS 라디오 '김경래의 최강시사' 인터뷰에서 더불어민주당이 결국 정치개혁연합을 배제하고 시민을위하여를 선택한 것과 관련하여 "민주당 양정철 민주연구원장이 일방적으로 통보해 왔다"고 밝혔다.[21]

---

18) [인터뷰] 하승수 "양정철이 비선 실세라는 게 분명하게 드러났다", 시사저널, 2020.03.31.
19) 민주, 민중당과 비례연합은 거부…"소모적 이념 논쟁 원치 않아", 뉴스1, 2020.03.17.
20) 하승수 "양정철, 원로들 배제하려 치졸한 정치공작 벌여", 뉴시스, 2020.03.19.
21) 하승수 "민주당 양정철이 정치개혁연합 배제 일방적 통보…심각한 유감", 경향신문,

하승수 위원장은 나중에 이 사태를 "민주당 전체가 아니라 양 원장을 포함한 일부가 기획을 했고, 시민을위하여에 같이할 거라고 확약을 했고, 정치개혁연합이 생기면서 약간 연합정당을 하려는 듯하다가 원래 계획대로 가자고 결정을 내린 것"으로 정리했다.[22] 더불어민주당의 위성정당은 전권을 위임받은 양정철 민주연구원장의 주도 아래 사전에 기획된 각본대로 만들어졌다는 수장이다. 하승수 위원장은 2020년 3월 19일 자신의 SNS에서 양정철 원장을 "적폐 중에 적폐"라고 직격탄을 날렸다. 그리고 "이런 사람이 집권여당의 실세 노릇을 하고 있으니 엉망인 것"이라며 "민주당 중진들조차 양정철 씨 눈치를 보는 듯하다. 청산해야 할 정치적폐다"라고 쏘아붙였다.

협상의 상대였으니 협상 실패의 책임을 양정철 원장에게 돌리는 것은 충분히 이해할 수 있다. 하지만 양정철 원장이 협상의 상대로 나타나지 않았다고 해도 위성정당은 출현했을 것이다. 정치개혁연합 지분이 있고 없고의 차이 말고는 아무런 본질적인 차이가 없었을 것이다. 양정철 개인에 대한 공격은 결국 더불어민주당 지도부의 책임을 덜어주는 일에 지나지 않는다. 그가 위성정당 메이커 역할을 수행한 것은 누구도 부정하지 않는다. 하지만 그에게 실행 임무를 맡긴 것은 바로 더불어민주당 지도부였다.

한편 하승수 위원장과 함께 2018년 가을부터 녹색당 공동운영위원장을 맡았다가 2020년 1월에 사퇴한 신지예는 2020년 3월 3일 자신의 SNS를 통해 "하승수 전 위원장의 위성정당 제안에 관련하여 누구보다 가장 구체적으로 설명할 수 있는 사람"이 바로 자신이라면서 "하승수 위원장은 꽤

2020.03.18.
22) [인터뷰] 하승수 "양정철이 비선 실세라는 게 분명하게 드러났다", 시사저널, 2020.03.31.

오랜 기간 동안 다른 정당과 시민단체를 만나면서 위성정당 창당의 밑그림을 그리고 추진해 왔습니다"라고 밝힌 바 있다. 위성정당의 밑그림을 그리고 추진해 왔던 사람의 눈에는 양정철 원장의 행보가 더욱 잘 간파될 수도 있었을 것이다.

더불어민주당은 2020년 3월 12일부터 13일까지 위성정당 창당에 대한 의견을 묻는 권리당원 투표를 진행했다. 권리당원 789,868명 가운데 241,559명(투표율 30.6%)이 참여한 투표에서 찬성 179,096표(74.1%), 반대 62,463표(25.9%)가 나와 위성정당 창당이 공식화되었다. 당원 투표를 통한 의사결정은 민주적인 절차라는 외양을 갖춘 것으로 보일 수 있다. 문제는 이 당원 투표가 이루어진 맥락이다. 더불어민주당 지도부는 그간 여러 차례 위성정당을 비판하고 위성정당의 창당 가능성을 일축해 왔다. 하지만 이를 뒤집어야 한다는 실리론이 점차 고개를 들었다. 원칙을 뒤집고 책임을 회피하는 일을 정당화할 수 있는 방법을 찾아야 했다. 당원 투표만큼 훌륭한 수단은 없었을 것이다.

눈 딱 감고 지갑을 줍기로 한 기본소득당

2020년 3월 13일 기본소득당 선거대책위원회는 제3차 확대회의를 열어 '의제의 동등성', '홍보의 동등성', '결과의 동등성'이라는 3대 원칙이 관철되는 것을 전제로 위성정당에 참여한다고 결정했다. 하지만 이 조건은 그저 레토릭에 불과했다. 이 레토릭은 4년 뒤인 제22대 총선을 앞두고 나온 '수평적 비례연합정당'이라는 표현에서도 그대로 반복되었다. 하루 뒤인 3월 14일 기본소득당 선거대책위원회는 입장문을 발표하고 위성정당 참여를 사실상 공식화했다. 이 입장문은 "21대 국회 기본소득 실현을 위한 개혁정책 연합정당 결성"에 나서겠다는 목표를 명분으로 내세웠다. 기본소득 실현이라는 목적이 위성정당이라는 수단을 합리화했다.

기본소득당은 2020년 3월 20일 제3차 전국운영위원회 회의에서 위성정당 참여를 최종 결정했다. 9명의 운영위원 중 단 5명의 찬성으로 '비례연합정당 협약서'와 '합의서'가 인준되었다. 이는 정당의 합당이나 해산에 버금가는 중대한 사안임에도 불구하고, 녹색당이 며칠 전 당원 총투표로 위성정당 참여 문제를 결정한 것과는 대조적으로, 충분한 민주적 과정과 절차를 거치지 않은 것이었다.

더욱 아이러니한 것은 기본소득당이 3월 16일부터 20일까지 제21대 총선 비례대표 후보자 순번을 결정하기 위해 권리당원과 선거인단의 투표를 실시했다는 점이다. 후보자 순번이라는 상대적으로 덜 중요한 사안에 대해서는 광범위한 의견 수렴을 거치면서, 정작 당의 정체성은 물론 존립과도 직결될 수 있는 위성정당 참여 결정은 그런 과정을 거치지 않은 채 소수의 의견이 단순다수결로 관철되었다.

이 결정의 중대성은 실로 컸다. 당원들이 직접 선출한 비례대표 후보는 탈당 후 위성정당으로 이동했고, 기본소득당은 비례대표 선거에 불참했다. 따라서 당원과 지지자는 엄연히 별개 정당인 더불어민주당의 위성정당에 투표하도록 사실상의 강요를 받았다. 결과적으로, 단 5명의 판단이 당의 근본적인 방향과 당원들의 정치적 선택을 좌우했다. 이는 정당 민주주의의 기본 원칙을 심각하게 훼손한 또 하나의 사례가 되었다.

더불어시민당은 '기본소득 지급' 등이 포함된 총선용 10대 공약을 선관위에 올렸다가 여기저기서 시비가 일자 하루도 지나지 않아 이를 내렸다. 대신에 더불어민주당의 10대 공약을 그대로 베껴서 등록했다. 더불어시민당 관계자는 "(3월) 31일 선관위에 등재된 10대 공약은 플랫폼 정당으로서 여러 소수정당과 논의할 때 기계적으로 취합한 정책들로, 자원봉사자가 선관위에 접수하는 과정에서 행정 착오로 접수했다. 더불어시민당의 정체성에 걸맞은 공약을 다시 올리겠다"고 해명했다.[23]

위성정당 참여의 전제였던 이른바 개혁정책은 행정 착오로 둔갑했다. 더불어시민당의 정체성은 그냥 더불어민주당이었다. 기본소득당만 인정하지 않았을 뿐 누구나 다 아는 사실이었다. 기본소득당은 아무런 대꾸도 못 했다. 의석 1석이 더 중요했다. 3월 17일 윤호중 더불어민주당 사무총장이 비례대표 후보 중 성소수자가 있는 녹색당을 염두에 두고 성소수자 문제로 소모적 논쟁을 일으킬 수 있는 정당과의 연합은 어렵다고 말했을 때도 아무런 대꾸를 하지 않았다.[24]

제21대 총선은 결국 위성정당의 회오리 속에서 치러졌다. 다른 선택지가 없었던 거대 양당의 지지자는 마지못해 위성정당에 표를 주었다. 여론조사 결과를 보면 양당의 지지자가 아닌 시민은 물론 양당의 지지자들조차 다수가 위성정당의 출현을 부정적으로 바라보았다(10장 참조). 위성정당에 찬동하는 사람을 찾기 어려웠다. 이재명 대표를 비롯한 더불어민주당의 주요 정치인들조차 사과와 반성을 하며, 위성정당 방지법을 앞다투어 내놓았다. 하지만 기본소득당과 초선 의원이 된 용혜인은 예외였다. 그는 2024년 제22대 총선을 앞두고 위성정당의 깃발을 제일 먼저 든다. 그리고 위성정당을 통한 '유일 재선 의원'이라는 타이틀을 거머쥔다.

---

23) 더불어시민당, '민주당 10대 공약' 그대로 내걸었다, 한겨레, 2020.04.01.
24) 윤호중 "성소수자 등 소모적 논쟁 일으킬 당과 연합 어렵다", 한겨레, 2020.03.17.

위성정당 앞에 민낯을 드러낸 사람들

2020년 3월 17일 더불어민주당은 기본소득당, 시대전환, 가자환경당, 가자!평화인권당과 함께 3월 8일에 창당 작업을 마친 시민을위하여를 플랫폼으로 한 위성정당 창당에 합의했다. 3월 18일 시민을위하여는 당명을 더불어시민당으로 변경했다. 더불어민주당의 위성정당이 공식석으로 등장한 순간이었다. 곧이어 3월 23일 더불어시민당은 비례대표 후보 34명의 명단을 발표했다. 그런데 함께 참여했던 가자환경당과 가자!평화인권당 후보들은 더불어시민당의 비례대표 후보 공천 과정에서 탈락하고 말았다. 더불어시민당은 후보로 추천된 가자!평화인권당의 최용상 공동대표가 박근혜 전 대통령 행사 등에 사진이 찍혔다는 이유를 들어 부적격 통보를 한 것으로 알려졌다.[25]

이제 위성정당에 참여한 소수정당은 기본소득당과 시대전환만 남았다. 용혜인 기본소득당 대표는 비례순위 5번을 받았고, 조정훈 시대전환 공동대표는 비례순위 6번을 받았다. 이원재 시대전환 공동대표는 2020년 3월 1일 자신의 SNS를 통해 "새벽녘에 하승수 녹색당 공동운영위원장이 비례민주당을 추진하겠다고 쓴 페이스북 글을 보고 눈물이 왈칵 났다"면서 "내가 한때 존경하고 따르던 586세대 운동권 선배들이 결국 이런 막장 정치를 하면서 세상을 망치고 마는구나 하는 생각 때문"이라고 토로했다. 이원재 대표는 이어서 "또 다른 가짜 정당인 비례민주당까지 만들어지면 21대 국회는 가짜 국회가 된다"고 한탄했다.[26] 채 한 달도 되지 않아 또 다른 공

---

25) 가자평화인권당, 시민당 비례배제 반발…"아베보다 나쁜 민주당", 연합뉴스, 2020.03.23.
26) "배지가 좋아" 위성정당 비판하다 후보로 달려간 명망가들의 민낯, 서울신문, 2020.03.24.

동대표였던 조정훈이 위성정당의 주역 중 한 사람이 되었다.

에너지전환포럼 사무처장을 지낸 양이원영은 안정적인 당선권인 비례순위 9번을 받았다. 후보로 확정되기 불과 사흘 전인 3월 20일 그는 자신의 SNS에 "이런 식으로 비례연합정당을 만들면 유권자들이 표를 줄까"라고 위성정당을 비판했다. 3월 21일에는 "선거판 관전포인트와 상관없이 저는 이러나저러나 해도 녹색당 찍을 것"이라며 녹색당 지지를 선언하기도 했다.[27] 한편 제22대 총선에서 지역구 선거에 도전한 양이원영은 출마가 좌절되었다. 그는 2024년 3월 17일 열린 더불어민주당 의원총회에서 다른 5명의 의원과 함께 제명되어 위성정당인 더불어민주연합으로 당적을 옮겼다. 위성정당에서 정치를 시작해 위성정당에서 정치를 마감했다.

위성정당의 최대 수혜자 더불어민주당

제21대 총선 결과, 비례대표 의석은 미래한국당이 19석, 더불어시민당이 17석, 정의당이 5석, 국민의당이 3석, 열린민주당이 3석을 가져갔다. 특례조항이었던 30석 캡이 없었다면 각 정당의 비례대표 의석은 각각 18석, 18석, 5석, 3석, 3석이었을 것이다. 이는 병립형 비례대표제로 계산했을 때의 의석배분과 정확하게 일치한다(5장 〈표 7〉 참조). 즉, 위성정당이 허용된 준연동형 비례대표제가 그 이전의 선거제도인 병립형 비례대표제와 사실상 같은 결과를 가져왔다는 사실을 확인할 수 있다. 선거제도가 바뀌었으나 결과는 바뀌지 않은 셈이다.

〈표 2〉는 제21대 총선에서 더불어시민당 후보로 당선된 비례대표 국회

---

27) "배지가 좋아" 위성정당 비판하다 후보로 달려간 명망가들의 민낯, 서울신문, 2020.03.24.

의원 명단이다. 당선자 17명 가운데 기본소득당 용혜인, 시대전환 조정훈, 더불어민주당 양정숙 당선자를 제외하고는 총선 이후 모두 더불어민주당 소속이 되었다. 양정숙 당선자의 경우 총선 과정에서 부동산 명의신탁 관련 의혹이 보도되자 더불어시민당이 총선 전 사퇴를 요구했고 본인은 거부했다. 결국 더불어시민당 윤리위원회는 2020년 4월 28일 양정숙 당선자를 제명했다. 세금 탈부를 위한 명의신탁 의혹뿐만 아니라 더불어시민당 후보 검증 과정에서 거짓 해명을 한 것 역시 제명 사유였다. 이후 한동안 무소속으로 지내던 양정숙 의원은 2024년 2월 14일 개혁신당에 합류했다. 이에 따라 2024년 1분기 경상보조금 지급 기준일인 2월 15일을 하루 앞두고 개혁신당 의원은 5명으로 늘어났고 약 6억 원의 국고보조금을 받을 수 있었다.

표2 제21대 총선 더불어시민당 비례대표 국회의원 당선자

순번	후보자	본래 정당	총선 이후 정당	주요 경력
1	신현영	없음	더불어민주당	대한의사협회 홍보이사 겸 대변인
2	김경만	없음	더불어민주당	중소기업중앙회 경제정책본부장
3	권인숙	없음	더불어민주당	한국여성정책연구원 원장
4	이동주	없음	더불어민주당	한국중소상인자영업자총연합회 부회장
5	용혜인	기본소득당	기본소득당	기본소득당 대표
6	조정훈	시대전환	시대전환	시대전환 공동대표
7	윤미향	없음	더불어민주당	정의기억연대 이사장
8	정필모	없음	더불어민주당	한국방송공사(KBS) 부사장
9	양이원영	없음	더불어민주당	에너지전환포럼 사무처장
10	유정주	없음	더불어민주당	한국애니메이션산업협회 회장

11	최혜영	더불어민주당	더불어민주당	강동대학교 사회복지행정과 교수
12	김병주	더불어민주당	더불어민주당	한미연합사 부사령관
13	이수진	더불어민주당	더불어민주당	더불어민주당 최고위원
14	김홍걸	더불어민주당	더불어민주당	민족화해협력범국민협의회 위원장
15	양정숙	더불어민주당	무소속	대한변호사협회 인권위원
16	전용기	더불어민주당	더불어민주당	더불어민주당 전국대학생위원장
17	양경숙	더불어민주당	더불어민주당	한국재정정책연구원장

제21대 총선 결과를 다시 돌아보자. 더불어민주당이 얻은 지역구 163석과 더불어시민당이 얻은 비례대표 17석을 합하면 180석이다. 미래통합당이 얻은 지역구 84석, 미래한국당이 얻은 비례대표 19석을 합하면 103석이다. 30석 캡 조항이 있는 상태에서 더불어시민당과 열린민주당 모두 없었다면 더불어민주당은 170석을 얻었을 것이고, 미래통합당은 101석을 얻었을 것이다. 정의당은 무려 15석을 얻을 수 있었다. 열린민주당만 창당하고 양당의 위성정당이 없었다면, 더불어민주당은 169석, 미래통합당은 99석, 정의당은 13석을 가져갈 수 있었다. 즉, 위성정당을 창당해 더불어민주당은 10석 또는 11석을 더 챙길 수 있었고, 미래통합당은 불과 2석 또는 4석을 더 챙길 수 있었다.

국회의원 정수 300명을 기준으로 제21대 총선에서 더불어민주당 측이 얻은 180석은 전체 의석의 60%, 미래통합당 측이 얻은 103석은 34.33%였다. 더불어시민당의 비례대표 국회의원 득표율은 33.35%로 미래한국당의 득표율 33.84%보다 조금 낮았다. 참고로, 더불어민주당의 지역구 전체 득표율은 49.91%, 미래통합당은 41.46%였다. 결과적으로 더불어민주당은 자신의 위성정당이 받은 비례대표 득표율보다 약 27%나 많은 의석

그림1 더불어민주당과 더불어시민당의 합동 선거대책위원회 회의(2020.04.13.)

출처: 더불어민주당

을 챙겼다. 지역구 전체 득표율보다도 10% 이상의 의석을 챙겼다. 반대로 국민의힘은 자신의 비례대표 득표율과 거의 일치하는 의석을 차지하는 데 그쳤다. 지역구 전체 득표율과 비교하면 약 7%의 손해를 보았다. 현행 소선거구제와 위성정당을 허용한 준연동형 비례대표제의 최대 수혜자는 국민의힘이 아니라 바로 더불어민주당이었다.

한편 2024년 1월 16일 기본소득당 용혜인 의원은 자신의 SNS에서 "지난 총선에서 실패한 건 국민의힘일 뿐입니다. 국민의 표를 사표로 만들고 국민이 준 표보다 더 많은 의석을 가져가는 잘못된 선거제도 없이는 기득권을 유지 못하는 정당, 위성정당 만들기에 앞장서고도 국민께 외면받은 정당이 바로 국민의힘이었습니다"라고 말했다. 앞서 살펴본 대로 제21대 총선에서 위성정당을 만들고도 사실 큰 이득을 보지 못한 것은 국민의힘이 맞다. 위성정당을 만들어 톡톡히 재미를 본 것은 더불어민주당과 위성정당에 동참한 일부 정치세력이었다. 이 점에서 국민의힘이 실패한 것은 분명하지만, 준연동형 비례대표제를 도입하고도 위성정당을 방지하지 못한 제21대 총선 자체가 실패한 정치 실험이었다.

3장 '뉴노멀'이 된 위성정당
: 제22대 총선

무엇이든 처음이 어렵지 두 번째는 쉽다. 위성정당이 그랬다. 지난 2020년 총선에서 위성정당의 열매를 처음 맛본 이들은 이번에는 좀 더 여유를 갖고 위성정당의 공간이 열리는 시간을 미리 대비했다. 2023년 11월 24일 용혜인 기본소득당 대표는 일찌감치 테이프를 끊었다. 제22대 총선 계획이라며 이날 느닷없이 개혁연합신당을 추진하겠다고 발표했다. 그는 "기본소득당과 저 용혜인은 오로지 이 하나의 목표, 진보적 정권교체를 위한 민주진보진영의 '진정한 승리'를 위해 오늘부터 새로운 길을 나서고자 합니다"라고 말했다.[28] 새로운 길로 포장했으나 4년 전에 이미 걸어본 길이었다.

일찌감치 포석을 깔아둔 기본소득당

계획은 착착 진행되었다. 2023년 11월 30일 기본소득당은 열린민주당,

---

28) [후속 보도 자료] 용혜인 "승리하는 개혁연합신당으로 민주진보진영의 '진정한 승리' 이끌겠다", 기본소득당, 2023.11.24.

사회민주당 창당준비위원회와 함께 개혁연합신당 추진 합의문을 발표했다. 이 열린민주당은 제21대 총선에 참여한 뒤 더불어민주당과 합당하며 해산된 열린민주당이 아니라 이 합당에 반대한 이들이 주축이 되어 2022년에 같은 당명으로 새로 결성한 정당이다. 사회민주당 창당준비위원회는 정의당 내 참여계 중심의 계파였던 새로운진보 소속 전현직 당직자와 당원들이 집단 탈당하여 만든 조직으로, 2023년 7월 7일 창당준비위원회 결성에 이어 2024년 2월 15일 창당을 완료했다.

기본소득당을 중심으로 한 이들 개혁연합신당 세력은 총선이 가까워지면서 본심을 솔직히 드러냈다. 2024년 1월 15일 기본소득당 용혜인 의원이 더불어민주당을 비롯한 제 정당에 민주진보진영 비례연합정당 추진을 제안했다. 1월 22일에는 개혁연합신당이 바통을 이어받아 똑같은 제안을 했다. 2월 3일에는 개혁연합신당이 새진보연합으로 이름을 바꾸면서 위성정당 플랫폼 마련 작업을 완료했다. 이들이 보기에 새진보연합이라는 명칭은 위성정당을 더불어민주당이라는 개혁 세력과 새로운 진보 세력의 민주개혁진보 선거연합이라고 포장하기에 맞춤한 것이었다.

한편 더불어민주당이 제21대 총선에서 위성정당인 더불어시민당을 띄울 때만 해도 약속을 뒤집어서 미안하기는 하지만 미래통합당이 미래한국당을 만드니까 우리도 어쩔 수 없다는 식의 태도 정도는 취했다. 그런데 제22대 총선을 앞두고서는 아예 그런 분위기가 사라졌다. '미안하지만 어쩔 수 없다'는 분위기는 '이건 위성정당 아니라 선거연합이다'로 돌변했다. 홍익표 더불어민주당 의원이 언론과의 인터뷰에서 "모든 약속을 다 지켜야 하나"라고 말한 것은 바뀐 기류를 잘 보여주었다.

위성정당이 아니라 연합정당이라고?

기본소득당 등의 위성정당 제안에 기다렸다는 듯 우원식 더불어민주당 의원도 2024년 1월 15일 자신의 SNS에서 "비례연합정당은 과거 위성정당 논란과 전혀 상관이 없다. 이번 비례연합정당은 민주당의 주도가 아니라 비례연합정당에 함께하는 각 정치세력이 함께 연합해 검증과 공천을 함께 하는 것"이라고 말했다. 이 제안에 찬성하는 더불어민주당 의원들과 기본소득당 등은 이 연합정당이 위성정당과는 다르다고 한목소리를 냈다.

> 위성정당 방지법을 못 만든 상태에서 병립제로 후퇴하지 않고 현재의 준연동제 제도를 가지고 어떻게 선거를 치를지 전략을 짜내야 한다. 국민의힘이 위성정당을 만들더라도 민주당은 위성정당을 만들지 않고 어떠한 손해라도 감수하겠다는 태도는 이타적이기는 하지만, 앞으로 4년 동안 국민의힘의 의회 정치력의 증가로 인해서 국민이 고통을 당하고 경제가 무너질 것을 생각하면 좋은 대안이 아니다. 다른 대안을 찾아야 한다. (…) 대안이 있다. 비례연합정당(선거연합정당)을 만들면 된다. 비례연합정당을 만들면 선거법을 개악하지 않은 상태에서, 민주당 의석수도 증가하고, 진보정당 의석수도 증가하고, 범민주 의석수도 증가할 수 있다. 국민의힘이 위성정당을 만들어서 의회 정치력을 부당하게 증가시키는 것을 막을 수 있다. 떳떳하게 이기는 대안이다. (강남훈 2023)

강남훈 교수가 2023년 12월 20일 언론기고문을 통해 이러한 주장의 논거를 제시했다. 위 인용문의 핵심은 이른바 '비례연합정당(선거연합정당)'은 위성정당이 아니므로 떳떳할 수 있다는 것이다. 어떤 수식어를 붙이고 어떤 용어를 사용하든 더불어민주당 지지자의 정당투표를 기초로 의석을 획득하는 비례연합정당이 바로 위성정당이다. 이 위성정당에 여러 소수정당이 참여해 의석을 나눠 갖는 행위를 선거연합이라 부르든 말든 그건 자유다. 선거연합의 의미가 포함되어 있으니 이건 위성정당이 아니라고 우길 수 있는 문제가 아니다.

국민의힘 의석수를 줄이고 더불어민주당 의석수를 늘리는 것이 분명한 목표라고 그냥 솔직히 말하면 되었을 것이다. 더불어민주당과 우산을 같이 쓰는 소수정당 몫도 좀 챙겨주자고 말하면 되었을 것이다. 더불어민주당 위성정당은 국민의힘 위성정당과는 다르다고, 아니 위성정당이 아니라고 굳이 머리를 싸맬 필요까지는 없었을 것이다. 제21대 총선에서 나타난 더불어시민당도 본질적으로 이와 다르지 않았지만, 당시 더불어민주당 지도부는 최소한 겉으로 미안해하는 척이라도 했다. 하지만 제22대 총선을 앞두고서는 뻔뻔함과 당당함이 자리를 잡았다. 위성정당을 '뉴노멀'로 취급하기 시작했다.

이재명 대표의 결단으로 다시 등장한 더불어민주당 위성정당

위성정당 창당을 제외하면 더불어민주당에 두 가지 선택지가 존재했다. 하나는 병립형 비례대표제로 회귀하는 방법이었고, 다른 하나는 위성정당을 방지하는 준연동형 비례대표제를 택하는 방법이었다. 위성정당 추진파는 전자는 과거로의 회귀라며 반대했고, 후자는 국민의힘이 반대하니 불가능하다는 논리를 펴며 위성정당 추진을 합리화했다. 위성정당이 결국 과거 병립형 비례대표제와 같은 결과를 가져온다는 사실은 애써 무시되었다. 만일 다른 두 가지 선택지를 통해 제22대 총선을 치렀다면 얼마나 다른 결과가 나왔을지는 5장에서 살펴본다.

2024년 1월 26일 준연동형 비례대표제 유지를 주장하는 이탄희 의원 등 더불어민주당 의원 80명이 공동 성명을 내면서 "병립형 비례대표제 회귀는 악수 중의 악수"라고 주장하자, 정청래 더불어민주당 최고위원은 자신의 SNS를 통해 "선거는 자선사업이 아니다. 전 당원 투표로 결론을 내자"고 맞받았다. 한편 이재명 더불어민주당 대표의 최측근으로 알려진 정성호 의원은 이날 YTN 라디오 인터뷰에서 "지도부가 입장이 있다면 의원총회를 거쳐 의견을 모으고 국민들과 당원들을 설득하는 게 올바른 태도가 아닌가 생각한다. 당원들에게 어떤 게 좋은지 묻는 것이 과연 올바른지는 의문이 든다"고 밝혔다.[29]

지도부가 책임지고 이끌어 가야 할 사안을 또다시 당원 투표에 부치려 한다는 비판적 여론이 거세지면서 장고를 거듭하던 이재명 대표는 결국 결단을 내렸다. 2024년 2월 5일 기자회견을 개최했다. 위성정당을 허용하는 준연동형 비례대표제를 유지하겠다는 견해를 밝혔다. 기자회견문의 일부를 살펴보자.

> 여당의 위성정당 창당에 맞대응해서 민주당의 위성정당을 창당하는 것은 반칙에 반칙으로 대응하는 것이어서 정당방위지만 결론은 준연동제가 껍데기만 남습니다. (…) 과거로의 회귀가 아닌, 준연동제 안에서 승리의 길을 찾겠습니다. (…) 위성정당 반칙에 대응하면서 준연동제의 취지를 살리는 통합형 비례정당을 추진하겠습니다.[30]

---

29) 논란 따르는 결정마다 '전 당원 투표'…책임 회피한 민주당, 한겨레, 2024.02.01.
30) 이재명 "준연동형에서 승리의 길 찾겠다…통합형 비례정당 추진", 오마이뉴스, 2024.02.05.

이 기자회견문을 꼼꼼히 들여다보지 않으면 문맥을 이해하기 어렵다. 앞에서는 분명히 준연동제가 껍데기만 남는다고 했는데, 뒤에서는 준연동제의 취지를 살린다고 했다. 이러한 차이는 이재명 대표가 민주당만의 위성정당과 통합형 비례정당을 엄격히 구별하는 데서 나온다. 기자회견문에서 통합협 비례정당을 위성정당이 아니라 준위성정당이라 칭한 것도 이 때문이다. 하지만 위싱정당이 허용되는 순간 준연동제의 취지는 자동으로 사라진다. 위성정당을 '통합형 비례정당' 또는 '준위성정당'이라 부르면 반칙이 반칙이 아니게 되는 마법 따위는 없다.

이재명 대표는 병립형 비례대표제로 돌아가는 것을 '과거로의 회귀'라 칭했다. 하지만 위성정당을 허용하는 준연동형 비례대표제 또한 '과거로의 회귀'이긴 마찬가지다. 이재명 대표 스스로 표현한 적 있듯이 '맏형'이 '아우들'에게 던져줄 의석 몇 개 말고는, 이전의 병립형 비례대표제와 위성정당을 허용하는 준연동형 비례대표제의 결과 사이에 사실상 차이가 없다. 제21대 총선에서는 더불어민주당 위성정당에 합류한 소수정당에 2석(기본소득당 용혜인, 시대전환 조정훈)이 돌아갔고, 제22대 총선에서는 4석(기본소득당 용혜인, 사회민주당 한창민, 진보당 정혜경·전종덕)이 돌아갔을 뿐이다.

따라서 병립형 비례대표제 채택은 '과거로의 회귀'이고 위성정당을 허용하는 준연동형 비례대표제는 '준연동제의 취지를 살리는' 길이라 볼 수 없다. 전자이든 후자이든 더불어민주당계 전체의 가구소득에는 변함이 없다. '맏형'이 인심 좀 써서 '아우들' 몫을 조금 챙겨주었을 뿐 이제껏 정당한 몫을 챙기지 못한 진짜 다른 가구의 소득에는 아무런 변화도 일어나지 않았다.

반칙이 가능하도록 불완전한 입법을 한 것에 대해서 사과드립니다. 국민께 약속 드렸던 위성정당 금지 입법을 하지 못한 점을 사과드립니다. 그리고 결국 위성정당에 준하는 준(準) 위성정당을 창당하게 된 점을 깊이 사과드립니다.[31]

이재명 대표는 이 기자회견에서 위와 같이 세 번의 사과를 했다. 위성정당을 계속 선거연합이라 우겨온 세력 탓인지 이재명 대표의 사과가 상대적으로 돋보이기까지 했다. 특히 기본소득당이 그랬다. 2024년 1월 22일 기본소득당, 사회민주당 창당준비위원회 등이 참여한 개혁연합신당(이후 새진보연합)의 '민주진보진영 비례연합정당 추진 발표 기자회견'이 있었다. 이 자리에서 용혜인 기본소득당 의원은 "원래부터 선거연합은 모두 위성정당인 것처럼, 민주진보진영의 연합정치를 어떻게든 막으려는 이 부정확하고 온당치 못한 비난들", "수없이 많은 마타도어"를 언급하면서 자신들이 추구하는 '비례연합정당'은 "민주당의 위성정당이 아니라 살아 숨 쉬는 수평적인 연합정치의 모범"이라고 추켜세웠다.[32] 이런 논리라면 이재명 대표의 사과는 얼토당토않은 일이었다.

진보당, 새진보연합, 이른바 시민사회 그룹의 위성정당 동참

2024년 2월 21일 오전 서울 여의도 국회의원회관에서 민주개혁진보 선거연합 합의 서명식이 개최되었다. 〈그림 2〉는 이날 합의 서명식 참석자들

---

31) 이재명 "준연동형에서 승리의 길 찾겠다…통합형 비례정당 추진", 오마이뉴스, 2024.02.05.
32) 개혁연합신당, '합당 없는 선거연합' 원칙 등 수평적 비례연합정당 추진 방향 밝혀, 기본소득당 보도 자료, 2024.01.22.

의 기념 촬영 사진이다. 사진 왼쪽부터 진성준 더불어민주당 정치협상 책임자, 한창민 새진보연합 공동선거대책위원장, 송영주 진보당 총괄선대본부장, 용혜인 새진보연합 상임선거대책위원장, 박홍근 더불어민주당 민주개혁진보 선거연합 추진단장, 윤희숙 진보당 상임선거대책위원장, 김귀옥 전 민교협 상임공동의장, 조성우 연합정치시민회의 공동운영위원장, 박석운 연합정치시민회의 공동운영위원장이다.

이 선거연합 합의는 더불어민주당의 위성정당인 더불어민주연합 창당의 1단계 작업이었다. 이 선거연합의 합의문에는 국민후보 4석, 진보당 3석, 새진보연합 3석을 보장하는 내용이 담겼다. 아울러 더불어민주당이 울산 유일의 현역 재선 지역구인 울산시 북구 선거구의 후보직을 진보당에 양보한다는 내용도 포함되었다. 그리고 2024년 3월 3일 드디어 더불어민주연합이 창당되었다. 지난 1월 15일 기본소득당 용혜인 의원이 더불어민주당을 비롯한 제 정당에 민주진보진영 비례연합정당 추진을 제안하고 48

그림2 위성정당 창당을 위한 민주개혁진보 선거연합 합의 서명식(2024.02.21.)   출처: 진보당

일 만에 이루어진 일이다.

2024년 3월 17일 더불어민주연합은 비례대표 선거 출마 후보자 30명의 순번을 결정하여 발표했다. 이 가운데 연합정치시민회의가 추천한 국민후보는 총 3명이었다. 1번 서미화 전 국가인권위원회 비상임위원, 12번 김윤 서울대 의대 교수, 17번 이주희 변호사였다. 진보당은 5번, 11번, 15번 순서를 배정받았고, 새진보연합은 6번, 10번, 16번 순서를 배정받았다. 선거연합 합의문에 명시되었던 각 정당을 교호한다는 원칙은 더불어민주당에 훨씬 유리하게 해석되었다.

더욱 흑화한 국민의힘 위성정당

제22대 총선에서 국민의힘은 위성정당 국민의미래를 직접 창당했다. 제21대 총선에서와 같은 공천 잡음을 없애기 위해 이번에는 아예 중앙당 당직자를 위성정당의 대표로 앉혔다. 국민의힘 조혜정 정책국장을 위성정당인 국민의미래 대표로 선임했던 것이다. 국민의미래 공천관리위원회도 국민의힘의 완전한 직할 체제로 만들었다. 국민의힘 공천관리위원인 유일준 법무법인 케이디에이치 변호사가 국민의미래 공천관리위원장을 겸직했다. 나머지 공천관리위원인 전종학 경은국제특허법률사무소 대표 변리사와 전혜진 한양사이버대학교 호텔외식경영학과 학과장도 모두 국민의힘 공천관리위원이었다.[33]

2024년 2월 23일 국민의미래 중앙당 창당대회도 아예 국민의힘 중앙당사에서 열렸다. 이 자리에 참석한 한동훈 국민의힘 비상대책위원장은 "앞

---

33) '국민의미래' 공천 관리도 국힘이…노골적 직할 체제, 한겨레, 2024.03.07.

으로 국민의미래 선거운동을 가장 앞장서서 하게 될 한동훈"이라고 자신을 소개하면서 "국민의미래는 국민의힘이 지향하는 바이다. 사실상 다른 말이 아니다"라고 강조했다.[34] 정당 민주주의와 선거 민주주의를 파괴하는 노골적인 행위가 버젓이 벌어졌다. 선관위는 침묵할 뿐이었다.

한편 3월 18일 국민의미래 공천관리위원회는 비례순위를 발표했다. 친윤석열계의 핵심이자 국민의힘 인재영입위원장인 이철규 의원이 공개적으로 문제를 제기했다. 친윤석열계와 친한동훈계가 서로 사천(私薦)을 주장하며 논란을 벌이는 듯했으나 지난 총선에서와 같은 파문으로 치닫지는 않았다.[35]

위성정당 최대 수혜자 더불어민주당과 준위성정당 조국혁신당 돌풍

제22대 총선을 앞두고 공직선거법의 틀은 바뀌지 않았다. 다만 제21대 총선에서 한시적으로 적용되었던 준연동형 캡 30석 조항이 사라졌고, 비례대표 의석이 47석에서 1석이 줄어 46석이 되는 일이 벌어졌다. 그리하여 위성정당이 허용된 준연동형 비례대표제로 다시 총선이 치러졌다. 제22대 총선에 등장한 또 하나의 중요한 변수는 2024년 3월 3일 창당대회를 개최한 조국을 당대표로 한 조국혁신당의 등장이었다.

2024년 4월 10일에 실시된 제22대 총선 결과, 국민의미래가 18석, 더불어민주연합이 14석, 조국혁신당이 12석, 개혁신당이 2석을 가져갔다. 더불어민주연합의 당선자 14명 가운데 8명은 더불어민주당이 파견한 후

---

[34] 여 위성정당 '국민의미래' 출범…한동훈 "선거운동 앞장서겠다", 주간조선, 2024.02.23.
[35] 與 '비례 공천' 갈등 고조…친윤–친한, 서로 "사천" 주장, 연합뉴스, 2024.03.20.

보였다. 나머지 6명 중 진보당 2명과 새진보연합 2명을 제외한 순수 시민사회 몫이라던 2명의 당선자도 선거가 끝나고 더불어민주당에 입당했다. 그 결과 더불어민주당은 위성정당 꼼수를 통해 10석을 추가로 획득했다. 준연동형 비례대표제의 입법 취지를 그대로 따르면, 이 10석은 더불어민주당이 차지할 수 없는 의석이었다. 이번에도 위성정당의 최대 수혜자는 더불어민주당이었다.

〈표 3〉은 제22대 총선에서 더불어민주연합 후보로 당선된 비례대표 국회의원 명단이다. 당선자 14명 가운데 진보당 소속인 정혜경과 전종덕,

표3 제22대 총선 더불어민주연합 비례대표 국회의원 당선자

순번	후보자	본래 정당	총선 이후 정당	주요 경력
1	서미화	없음	더불어민주당	국가인권위원회 비상임위원
2	위성락	더불어민주당	더불어민주당	제11대 주러시아 대사
3	백승아	더불어민주당	더불어민주당	초등교사노동조합 수석부위원장
4	임광현	더불어민주당	더불어민주당	제28대 국세청 차장
5	정혜경	진보당	진보당	진보당 경상남도당 위원장
6	용혜인	새진보연합	기본소득당	제21대 국회의원
7	오세희	더불어민주당	더불어민주당	소상공인연합회장
8	박홍배	더불어민주당	더불어민주당	더불어민주당 최고위원
9	강유정	더불어민주당	더불어민주당	강남대학교 한영문화콘텐츠전공 교수
10	한창민	새진보연합	사회민주당	사회민주당 공동대표
11	전종덕	진보당	진보당	제13대 민주노총 사무총장
12	김윤	없음	더불어민주당	서울대학교 의과대학 예방의학과 교수
13	임미애	더불어민주당	더불어민주당	제11대 경상북도의원
14	정을호	더불어민주당	더불어민주당	더불어민주당 총무조정국장

새진보연합 소속인 용혜인(기본소득당)과 한창민(사회민주당)을 제외하고는 총선 이후 모두 더불어민주당 소속이 되었다. 진보당 정혜경 당선자는 후보자명부 제출 직전 갑작스럽게 교체되어 투입된 경우다. 원래는 당원투표를 거쳐 비례대표 후보로 선출된 장진숙 진보당 공동대표가 들어가기로 한 자리였다. 하지만 색깔론을 염려한 더불어민주당 측에서 후보 교체를 요구했고, 신보낭은 민주석 절차를 무시한 채 그 요구를 수용했다.

진보당 전종덕 당선자는 민주노총 사무총장 출신이다. 그가 사무총장으로 재직하던 시절인 2023년 9월 14일 민주노총은 제77차 임시대의원대회를 열어 정치방침과 총선방침을 수립한 바 있다. 이 방침에는 보수 양당 지지를 위한 조직적 결정은 물론이고 전·현직 간부의 보수 양당 지지 행위를 금지한다는 것이 명시된 바 있다. 전직 간부의 위성정당 참여가 이러한 방침을 어긴 것이라는 비판이 일자, 진보당 측은 이를 보수 양당 지지와 구별되는 선거연합일 뿐이라고 해명했다.

기본소득당 용혜인과 사회민주당 한창민 등은 제22대 총선을 목전에 둔 2024년 2월 3일 새진보연합이라는 위성정당 플랫폼 정당을 만들었다. 이 플랫폼 정당은 기본소득당의 이름을 바꾸는 형식으로 만들어졌다. 두 사람은 새진보연합을 탈당하고 더불어민주연합에 입당했다. 총선 이후 더불어민주연합은 이 두 사람을 제명했다. 새진보연합으로 돌아간 두 사람 중 한창민 당선자는 새진보연합이 다시 제명했고, 원래 정당인 사회민주당으로 복당했다. 용혜인 당선자는 새진보연합이 다시 기본소득당으로 이름을 바꾸면서 기본소득당 의원이 되었다.

한편 제21대 총선에 이어 제22대 총선에서도 더불어민주당은 지역구에서 국민의힘보다 압도적인 우세를 점했다. 위성정당을 허용한 준연동형 비례대표제 탓에 더불어민주당은 연이은 총선에서 결과적으로 국민이 준

표보다 더 많은 의석을 가져가는 잘못된 선거제도의 혜택을 가장 많이 누렸다. 그런데 이번에는 조국혁신당의 돌풍이 변수가 되었다. 조국혁신당이 없었다면 더불어민주연합은 훨씬 더 많은 의석을 차지했을 것이다.

하지만 조국혁신당은 더불어민주당과 무관한 정당으로 볼 수 없다. 형식적으로는 독립성을 띤 정당이지만 그 지지층에게는 더불어민주당과 떼려야 뗄 수 없는 위성정당에 가까운 정당, 즉 준위성정당이라 볼 수 있다. 따라서 공식적인 위성정당인 더불어민주연합과 준위성정당인 조국혁신당의 의석을 모두 합하면, 제22대 총선에서 더불어민주당계가 차지한 비례대표 의석수는 26석(더불어민주연합 14석, 조국혁신당 12석)이다. 이는 제21대 총선의 20석(더불어시민당 17석, 열린민주당 3석)보다 6석이 더 늘어난 수치다. 다만 조국혁신당으로 인해 더불어민주연합 자체의 의석수가 줄어들어 위성정당에 동참한 소수정당이 일부 손해를 본 측면은 있다.

4장 무너진 민주주의
: 정당과 선거의 형해화

　거대 양당은 위성정당의 창당 작업을 실질적으로 지휘했다. 제21대 총선에서 미래통합당은 미래한국당을, 더불어민주당은 더불어시민당을 만들었다. 제22대 총선에서 국민의힘은 국민의미래를, 더불어민주당은 더불어민주연합을 창당했다. 위성정당의 탄생 과정과 그 결과는 한국의 민주주의를 무너뜨렸다. 특히 정당 민주주의와 선거 민주주의가 치명상을 입었다. 위성정당 창당을 정당화하는 논리가 민주주의의 근간인 법치주의에 반한다는 점 역시 간과할 수 없다.

법치주의를 무너뜨리는 위성정당 창당 논리

　사회적 합의와 민주적 합의를 통해 모든 사회구성원이 만족할 수 있는 법을 만드는 것이 가장 이상적이다. 하지만 현실에서는 이러한 이상을 실현하기 어려운 경우가 많다. 모든 개인이 만족할 수 있는 법을 만드는 것은 결코 쉬운 일이 아니다. 그렇다면 법의 제정에 동의하지 않은 개인은 그 법을 무시해도 되는가? 그 법을 무시해도 되는 권리를 갖는 것인가?

물론 때로는 시민 불복종이 정당화될 수 있다. 시민 불복종은 민주주의에서 중요한 역할을 해 왔으며 사회 변화의 촉매제가 되어 왔다. 그러나 시민 불복종이 법이 마음에 들지 않는다는 이유로 법을 따르지 않는 모든 행위를 정당화하는 것은 아니다. 다만 헌법적 가치나 기본적인 인권을 심각하게 침해하는 법률에 대해서는 시민 불복종이 일정 부분 정당화될 수 있다.

하지만 일개 개인도 아닌 거대정당이 공개적으로 법을 무시하고, 이를 무력화하기 위해 조직적인 집단행동에 나서는 것을 정당화할 수 있는 논리를 찾기는 어렵다. 이는 법치주의에 반하는 반민주적 행태이다. 준연동형 비례대표제를 무력화하기 위해 위성정당 창당을 추진한 국민의힘(미래통합당)에 대한 더불어민주당의 대응 역시 법치주의를 훼손하는 논리에 기초해 있었다.

이재명 더불어민주당 대표는 2024년 2월 16일 위성정당을 추진하는 더불어민주당을 비판한 국민의힘을 향해 "난 원래 도둑이니까 도둑질을 해도 되지만 야당은 근처에 오지도 말아야 한다는 얘기 아니냐"고 말했다.[36] 이는 여당도 도둑질하니까 야당도 도둑질할 수 있다는 논리다. 결국 '불법의 평등'을 주장한 것이다. 이재명 대표도 법률가인 만큼 불법의 평등 주장에 대해 사법부가 어떤 일관된 태도를 보여 왔는지 모르지 않을 것이다.

불법의 평등이란 모든 사람이 법을 위반할 동등한 권리를 가진다는 잘못되고 왜곡된 평등 개념이다. 이는 법치주의를 훼손하여 민주주의의 근간을 위협하는 사고다. 법의 권위와 집행력을 약화시켜 사회 질서를 해친다. 물론 불법의 평등에 호소하는 사람을 주변에서 심심찮게 만날 수 있다. "왜 나만 갖고 그래?"라며 항변하는 사람들의 논리가 바로 그것이다.

---

36) 이재명 "위성정당 먼저 만든 국민의힘, 야당 비난할 수 있나", 동아일보, 2024.02.16.

정치인도 이런 항변을 할 수 있다며 옹호하는 사람이 있을 수 있다. 하지만 대통령을 꿈꾸는 제1야당의 대표가 이러한 논리로 위성정당을 정당화하는 것은 명백히 잘못된 일이다.

이재명 대표는 앞의 도둑 발언에 이어 한발 더 나아가 "더 심각한 것은 반헌법적 사고다. 나는 그 법안을 찬성을 안 했으니 어겨도 된다. 이게 합당한 태도냐"고 덧붙였다.[37] 앞서 지적했듯이 이는 당연히 합당한 대도가 아니다. 그렇다면 그 법안의 작성을 주도하고 그 취지를 분명히 알고 있는 정당이 남들이 도둑질한다고 따라서 도둑질하는 것은 과연 합당한 태도이고, 헌법을 충실히 따르는 행위인가?

국민의힘이 위성정당을 추진하지 않았다면 더불어민주당도 그러지 않았을 것이라는 논리로는 이 상황을 정당화할 수 없다. 더불어민주당이 위성정당을 만들면서 소수정당 몇 개를 챙겨주었으므로 국민의힘이 만든 위성정당과는 다르다는 주장 역시 전혀 설득력이 없다. 거대 양당 모두 준연동형 비례대표제의 취지를 정면으로 거스르는, 법치주의에 반하는 행위를 했다는 점에서 한통속이다.

위장 제명 동원한 의원 꿔주기, '의원 셔틀' 공작

위성정당의 본체인 양당은 일사불란하게 위성정당의 창당 작업을 지휘했다. 우선 의원 꿔주기를 통해 위성정당의 기호 순번을 본체정당에 유리하도록 조작했다. 제21대 총선에서 미래통합당은 20명의 의원을 미래한국당으로 보냈고, 더불어민주당은 더불어시민당에 8명의 의원을 보냈다.

---

37) 이재명 "위성정당 먼저 만든 국민의힘, 야당 비난할 수 있나", 동아일보, 2024.02.16.

제22대 총선에서도 더불어민주당과 국민의힘은 의원 꿔주기 반칙을 통해 기호 순번을 조작하는 행태를 똑같이 반복했다. 의원 꿔주기에 동원된 핵심 수단은 비례대표 국회의원의 위장 제명이었다.

더불어민주당은 2024년 3월 17일 자신의 위성정당인 더불어민주연합에 보낼 비례대표 의원 6명을 제명했다. 제명된 의원은 강민정, 권인숙, 김경만, 김의겸, 양이원영, 이동주 등으로 모두 낙천하거나 불출마하기로 한 의원들이었다. 이들은 며칠 뒤 더불어민주연합에 입당했고, 기존 2명의 의원에 이어 추가로 합류한 의원을 합해 더불어민주연합은 최종적으로 14명의 의원을 확보해 기호 3번을 확정했다. 이에 앞서 국민의힘도 3월 15일 자신의 위성정당인 국민의미래에 보낼 비례대표 의원 8명을 제명했다. 최종적으로는 더불어민주연합보다 1명 적은 13명의 의원을 확보해 기호 4번을 확정했다.

한편 위장 제명을 통해 더불어민주연합으로 소속을 변경한 강민정 의원은 2022년 6월 16일에 위성정당 방지를 위한 공직선거법 일부개정법률안을 대표 발의한 인물이었다. 당시 10명의 발의자 가운데는 위성정당인 더불어민주연합의 공동대표가 된 더불어민주당의 윤영덕 의원도 있었다. 강민정 의원과 윤영덕 의원은 김상희 의원이 대표 발의한 위성정당 방지를 위한 공직선거법 일부개정법률안의 발의자이기도 했다. 오로지 의석수 확대를 위한 당의 전략 앞에 신념이나 정책 따위는 그저 휴지 조각에 불과했다.

위장 제명으로 본대 귀환, 다단계 제명까지

제21대 총선이 끝나고 얼마 뒤 미래통합당은 미래한국당과 더불어민주당은 더불어시민당과 각각 합당했다. 다만 용혜인 의원과 조정훈 의원은 제명을 통해 원래의 정당인 기본소득당과 시대전환으로 복귀했다. 제22대 총선 이후에도 똑같은 상황이 벌어졌다. 더불어민주연합에 참여해 의석을 획득한 진보당과 새진보연합 출신 의원들은 다시 당적 바꾸기용 위장 제명을 통해 각자의 당으로 복귀했다.

이 과정에서 다단계 제명까지 동원되었다. 새진보연합은 기본소득당과 사회민주당 등이 급조한 위성정당 창당을 위한 임시 플랫폼 정당이었다. 더불어민주연합 비례대표 의원으로 당선된 용혜인과 한창민이 더불어민주연합에서 먼저 제명되어 새진보연합으로 돌아갔고, 이 중 한창민은 새진보연합에서 제명 절차를 또다시 거쳐 자신의 사회민주당으로 돌아갔다. 한편 2024년 4월 말 국민의힘은 국민의미래와의 흡수합당 절차를 마무리 지었다. 더불어민주당도 2024년 5월 초 더불어민주연합과의 흡수합당 절차를 마무리 지었다.

징계가 아닌 당적 변경 수단이 된 의원 제명

정당법 제33조는 국회의원의 제명이 당헌에 따른 절차를 거치고 해당 정당 소속 국회의원 전원의 과반 찬성을 얻어야 한다고만 규정한다. 이처럼 정당법에서 제명의 사유에 대한 특별한 언급이 없다는 점과 공직선거법 제192조에 따라 비례대표 국회의원은 소속 정당의 합당·해산 또는 제명을 통해서 의원직 유지가 가능하다는 점이 고도로 악용된 사례가 바로 위성정당의 창당과 이후 당선된 의원의 소속 정당 복귀 작업이다.

당원의 제명은 정당의 최고 수위 징계라는 점이 상식이다. 하지만 위성정당에서는 그런 상식이 통하지 않는다. 위성정당에 관련된 제명은 실질적인 징계가 아니라 타 정당으로의 당적 변경을 위한 수단에 불과하므로, 이는 의원 퇴직 사유로 보는 것이 마땅하다. 지역구 의원과 달리 비례대표 의원은 오로지 정당 투표를 통해서 의석을 획득하는 것이므로 그 정당을 달리할 때는 당연히 해당 의원이 퇴직하는 것으로 간주해야 한다.

정당이 위장 제명을 통해 비례대표 국회의원의 셔틀 공작을 벌이는 일은 정당 민주주의에 반할 뿐 아니라 정당법과 공직선거법에 명시된 국회의원 제명을 징계 수단이 아닌 정치공학 수단으로 악용하는 것이므로 엄격히 금지할 필요가 있다. 위장 제명은 또한 해당 의원이 아닌 해당 정당에 표를 준 유권자의 의사를 무시하는 행위이다.

본체정당과 위성정당의 불법 공동 선거운동

현행 공직선거법 제88조는 다른 정당의 후보자를 위한 선거운동을 금지하고 있다. 하지만 제21대 총선에서는 물론 제22대 총선에서도 국민의힘과 국민의미래는 공공연하게 서로를 홍보하며 선거운동을 함께했다. 더불어민주당과 더불어민주연합도 마찬가지다. 더불어민주당의 준위성정당인 조국혁신당도 더불어민주당 지역구 후보자들의 선거운동에 공공연하게 동참하는 불법을 일삼았다. 원래 한 몸이었어야 할 정당들이 분신술을 벌이면서 나타나게 된 웃지 못할 진풍경이다.

제21대 총선에서는 미래통합당 위성정당이었던 미래한국당의 대표가 미래통합당과 합동 유세를 하다 미래통합당 점퍼를 뒤집어 입는 촌극을 벌였다. 더불어민주당은 자신의 기호 '1'과 더불어시민당 기호 '5'를 함께 붙인 쌍둥이 버스를 운영하다 선관위의 시정 요구를 받았다. 제22대 총선에서도 양당은 위성정당을 띄우기 위해 쌍둥이 선거운동, 즉 편법 선거운

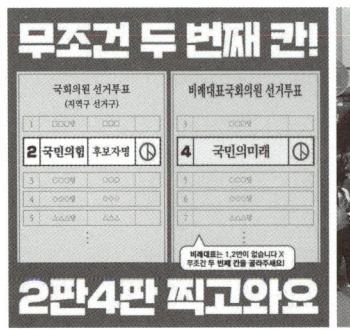 

그림 3 본체정당과 위성정당의 공동 선거운동   출처: 국민의힘, 더불어민주당

동을 다양하게 벌였다.

〈그림 3〉의 왼쪽 사진은 국민의힘과 국민의미래를 동시에 알리는 홍보물이다. 정책과 공약에 대한 고민은 온데간데없고 이들은 이런 얕은수의 홍보 전략만 쥐어 짜냈다. 지역구 기호 2번과 비례대표 기호 4번을 홍보하기 위해 '이판사판'이라는 사자성어까지 맥락 없이 동원했다. 정말 이판사판으로 선거운동이 벌어졌다. 오른쪽 사진은 기호 1번인 더불어민주당 지역구 후보와 이재명 대표가 기호 3번 더불어민주연합 후보 및 운동원들과 함께 선거운동을 벌이고 있는 모습이다.

유사명칭 사용하고 국고보조금도 거의 그대로 챙겨

정당법 제41조는 유사명칭 등의 사용금지를 규정한다. 약칭을 포함한 정당의 명칭은 이미 신고된 정당의 명칭과 "뚜렷이 구별되어야" 한다는 것이다. 제21대 총선에서 선관위는 '비례OO정당'의 명칭은 허용하지 않았지만, 미래통합당과 유사한 미래한국당, 더불어민주당과 유사한 더불어시민당의 사용을 허용했다. 제22대 총선에서도 국민의힘은 국민의미래를 창당했고, 더불어민주당은 더불어민주연합을 창당했다. 선관위는 이번에도 이들 위성정당의 명칭을 문제 삼지 않았다.

본체정당인 양당은 위성정당의 명칭을 자신과 유사하게 만들려는 매우 강한 동기가 존재한다. 지지자와 유권자 모두에게 위성정당이 본체정당과 실질적으로 하나라는 사실을 알릴 수 있는 가장 강력한 홍보 수단이 바로 유사명칭의 사용이기 때문이다. 다만 선관위가 위성정당의 명칭이 본체정당과 유사하다고 인정하는 일만 피하면 된다. 선관위는 결국 이들 위성정당이 유사명칭을 사용한 것은 아니라고 판단하여 양당의 손을 들어주고 말았다. 이는 자의적이고 편의적인 유사성 판단을 통해 양당의 탈법적 위성정당 창당 전략을 도운 것이다. 선관위의 직무 유기가 아닐 수 없다.

한편 〈표 4〉가 보여주는 바와 같이, 제21대 총선 전후 양당의 위성정당이 직접 수령한 선거보조금과 경상보조금, 양당의 본체정당이 대신 수령한 선거비용 보전 금액은 모두 약 207억 원이다. 미래한국당이 약 133억 원을, 더불어시민당이 약 73억 원의 공적 정치자금을 수령했다. 당시 미래한국당이 더불어시민당보다 훨씬 더 많은 국고보조금을 수령한 것은 미래한국당이 20석의 의석을 채움으로써 교섭단체가 되어 선거보조금과 2분

표 4 위성정당의 국고보조금과 선거비용 보전 수령액

(단위: 천원)

구분		국고보조금		선거비용 보전	합계
		선거보조금	경상보조금		
제21대 총선	더불어시민당	2,449,378	980,241	3,896,165	7,325,784
	미래한국당	6,123,445	2,506,710	4,705,762	13,335,917
제22대 총선	더불어민주연합	2,827,092	-	4,734,655	7,561,747
	국민의미래	2,804,433	-	4,846,385	7,650,818

기 경상보조금을 더 많이 가져갔기 때문이다.

제22대 총선에서도 위성정당은 상당한 액수의 공적 정치자금을 수령했다. 더불어민주연합과 국민의미래는 선거보조금으로 약 28억 원을 각각 챙겼고, 선거비용 보전 명목으로 각각 약 47억 원과 약 48억 원을 가져갔다. 양당의 위성정당이 약 152억 원을 수령한 것이다. 두 번의 총선 전후로 위성정당에 지급된 공적 정치자금을 모두 합하면 약 359억 원에 달한다. 총선을 전후로 불과 몇 달간 존속한 것에 불과한 위성정당의 정치활동을 위해 막대한 국민 세금이 쓰인 것이다.

현행 국고보조금 배분 규정에 따르면, 본체정당과 위성정당이 수령한 국고보조금 총액은 위성정당이 없었을 때 본체정당이 수령할 수 있는 국고보조금과 그리 큰 차이가 나지 않는다. 교섭단체 구성 여부를 제외하면 의원 수 자체가 국고보조금 배분에 있어서 중요한 역할을 하기 때문이다. 이것이 바로 문제의 핵심이다. 특수한 정파적 목적의 실현을 위해 한시적으로 존재하는 위성정당을 만들어도 국고보조금을 거의 같은 수준으로 수령할 수 있으므로 위성정당을 만들 때 불이익이 전혀 발생하지 않는다.

헌법, 정당법, 공직선거법에 반하는 위성정당

제21대 총선과 제22대 총선에서 이 일을 두 차례나 주도적으로 벌인 양당은 위성정당이 공직선거법에 규정된 준연동형 비례대표제를 무력화하는 편법이나 반칙이라는 사실 자체를 부정하지는 않는다. 국민의힘은 이 사태가 벌어진 것에 자기 책임은 없다며 모르쇠로 일관했고, 더불어민주당은 부분적으로 문제를 인정하고 사과하는 모습을 보이기도 했다. 이 사태를 이용해 정치적 이득을 챙기려 한 일부 정치세력은 위성정당을 연합정치로 포장하기에 바빴다.

　법이 만능은 아니다. 법도 시대를 반영하고 시대에 따라 변화한다. 하지만 법의 지배, 곧 법치(rule of law)는 민주주의를 구성하는 여러 핵심 원칙 또는 가치 가운데 하나이다. 현재의 정치공동체가 유지하고 있는 최소한의 원칙이 법에 함축되어 있다. 민주주의 사회는 법치를 통해 최소한의 공정성, 정의, 평등을 보장한다. 법치가 무너지게 되면 자의적 통치가 횡행하고 약육강식의 논리가 지배하면서 민주주의를 위기에 빠뜨릴 수 있다.

　〈표 5〉에서 볼 수 있듯이 헌법, 정당법, 공직선거법의 정당 및 선거 관련 규정을 살펴보면 핵심적으로 강조되는 부분이 있다. 바로 정당 민주주의와 선거 민주주의의 실현이다. 정당의 목적, 조직, 활동이 민주적이고 자주적으로 이루어지고, 후보 선출을 포함한 선거 과정이 민주적인 절차를 따름으로써 민주정치 발전에 기여해야 한다는 것이다.

　그런데 위성정당의 목적, 조직, 활동이 민주적이고 자주적인 성격을 갖는다고 주장할 수 있는 사람은 없다. 위성정당의 목적은 오로지 본체정당의 의석수 극대화에 있고 조직과 활동은 철저히 본체정당에 종속되어 있어 민주성과 자주성이 끼어들 틈이 없기 때문이다. 위성정당의 비례대표 후보 선출 과정이 정말 민주적으로 이루어져 민주정치 발전에 기여한다고 믿는 사람도 없을 것이다. 비례대표 후보 선출을 위한 형식적인 절차는 갖추지만, 본체정당이 실질적으로 좌우하는 그 절차를 민주적인 절차로 보기 어렵기 때문이다.

　그럼에도 위성정당 옹호자들은 위성정당이 정당등록을 위한 최소한의 법률적 요건을 충족하고 형식적 절차를 거쳐 후보 선출 등을 했으므로 법적인 문제는 없고, 이는 다만 정치적 선택의 문제일 뿐이라는 입장이다. 물론 정당법이나 공직선거법이 이러한 민주적 절차를 세세하게 규정하지는

표 5 정당과 선거에 관한 법률 규정

해당 법률	조문 내용
헌법 제8조 제2항	정당은 그 목적·조직과 활동이 민주적이어야 하며, 국민의 정치적 의사형성에 참여하는 데 필요한 조직을 가져야 한다.
정당법 제1조(목적)	정당이 국민의 정치적 의사형성에 참여하는 데 필요한 조직을 확보하고 정당의 민주적인 조직과 활동을 보장함으로써 민주정치의 긴진한 발진에 기여함을 목적으로 힌다.
정당법 제2조(정의)	"정당"이라 함은 국민의 이익을 위하여 책임 있는 정치적 주장이나 정책을 추진하고 공직선거의 후보자를 추천 또는 지지함으로써 국민의 정치적 의사형성에 참여함을 목적으로 하는 국민의 자발적 조직을 말한다.
정당법 제36조의2 (비례대표국회의원선거의 후보자추천)	정당이 「공직선거법」 제47조 제1항 및 제2항에 따라 비례대표국회의원선거의 후보자를 추천하는 경우에는 당헌·당규 또는 그 밖의 내부규약 등으로 정하는 바에 따라 민주적 절차를 거쳐 추천할 후보자를 결정한다.
공직선거법 제1조(목적)	선거가 국민의 자유로운 의사와 민주적인 절차에 의하여 공정히 행하여지도록 하고, 선거와 관련한 부정을 방지함으로써 민주정치의 발전에 기여함을 목적으로 한다.
공직선거법 제47조(정당의 후보자추천) 제2항	정당이 제1항에 따라 후보자를 추천하는 때에는 민주적인 절차에 따라야 한다.

않는다. 공직선거법 제47조 제2항의 절차 규정 삭제 문제는 아래에서 별도로 논의할 것이라 여기서는 잠시 제쳐두자.

위성정당 내부에서 최소한의 형식적인 요건을 갖추어 국회의원 후보를 선출하기만 하면 그것이 요식행위에 불과하다고 해도 민주적 절차를 크게 위반한 것으로 볼 수 없다는 주장이 있을 수는 있다. 하지만 여기서 말하는 정당의 민주적 절차를 좀 더 실질적인 측면에서 이해하면 결론은 완전히 달라질 수 있다. 즉, 민주적 절차를 민주주의의 기본 원칙에 따른 절차로 이해하면 단순한 형식 요건의 충족을 민주적 절차와 동일시하기는 어렵다. 본체정당이 선관위가 인정한 다른 정당인 위성정당의 후보 선출을 포함한 모든 활동에 공공연하게 개입한 것이 분명한데도, 이 과정에서 이루어진 모든 절차를 민주적이라고 볼 수는 없는 것이다.

한편 헌법재판소가 적시한 정당의 개념 표지에 따르면, 정당은 "상당한 기간 또는 계속해서", "상당한 지역에서" 국민의 정치적 의사 형성 과정에 참여해야 한다.[38] 즉, 헌법재판소는 정당이 정당으로 인정받기 위해서는 계속성과 공고성이 필요하다는 기준을 제시한 것이다. 하지만 총선 직전에 창당하고 총선 직후에 합당하고 해산하는 위성정당에 이러한 계속성이나 공고성은 존재할 수 없다. 앞서 1장의 〈표 1〉에서 이미 확인했듯이 위성정당의 존속 기간은 대략 두 달 남짓이었고, 길어보아야 넉 달을 넘지 않았다. 위성정당을 정당으로 인정하는 것 자체가 문제인 상황이다.

결론적으로, 위성정당의 목적, 조직, 활동, 그리고 비례대표 후보 선출 과정에 이르기까지 그 어디에도 민주적 원칙이 들어갈 자리는 존재하지 않는다. 위성정당이 민주정치의 발전에 기여한다고 자신 있게 말할 수 있는 사람도 없을 것이다. 위성정당의 목적은 오로지 선거제도의 맹점을 이용하여 본체정당의 의석수를 확대하는 데 있다. 위성정당의 조직은 이러한 목적을 위해 급조된 것으로 의원 꿔주기, 위장 제명과 같은 각종 편법이 동원된다. 비례대표 후보 선출을 포함한 위성정당의 모든 활동은 사실상 본체정당의 활동에 종속된 것이고, 그 활동에 어떤 지속성이나 실질적인 기반도 존재하지 않는다.

---

38) 헌법재판소 결정, 2004헌마246, 2006.03.30. 부록 4 참조.

위성정당 걸림돌 제거하려 민주적 절차 상세 규정까지 없애

위성정당이라는 존재 자체가 법률에 규정된 민주적 원칙과 충돌한다. 하지만 그뿐만이 아니다. 위성정당을 위해 법률에 규정된 비례대표 국회의원 후보 추천을 위한 민주적 절차가 무시된 것은 물론 나중에는 해당 절차를 아예 삭제하는 일까지도 벌어졌다. 〈표 6〉에서 확인할 수 있는 것처럼, 2020년 1월 14일에 시행된 공직선거법 개정안은 준연동형 비례대표제를 도입하면서 비례대표 국회의원선거 후보자의 민주적 심사 및 투표 절차, 관련 절차의 투명성 확보 방안 등을 법제화한 바 있다.

그러나 제21대 총선에 등장한 위성정당의 비례대표 후보 추천 과정과 절차에서 법에 명시된 민주성과 투명성의 원칙은 제대로 지켜지지 않았다. 정상적인 경우라면 양당은 이에 대해 사과하고 향후 법을 준수하겠다는 태도를 보였을 것이다. 하지만 양당은 뻔뻔스럽게도 정반대의 전략을 택했다. 위성정당이 다시 등장하면 또 걸림돌로 작용할 수 있는 거추장스러운 형식과 절차 규정을 이참에 모조리 없애는 방향으로 나아간 것이다.

2020년 12월 1일에 개최된 국회 행정안전위원회 전체회의에서 비례대표 국회의원선거 후보자 추천에 관한 민주적 절차 규정 폐지안이 위원회안으로 최종 결정되었다. 정의당 의원이었던 이은주 위원만 홀로 반대의견을 밝혔다. 그는 이러한 민주적 절차 규정의 폐지가 단순히 정당의 자율성을 제고하기 위한 것이 아니라 준연동형 비례대표제와 연계된 안이기에 반대 의사를 밝힌다고 했다(국회사무처 2020). 개정안 추진의 명분은 정당의 자율성 제고였으나 그 본질은 위성정당을 또 창당하게 되면 비례대표 후보 선출을 마음대로 하기 위한 양당의 담합이었다.

이 폐지안은 2020년 12월 9일 국회 본회의 표결에서 찬성 173표, 반대

표 6 공직선거법 제47조 제2항 조문 대비표

이전안(2020.01.14. 시행)	현행(2020.12.29. 시행)
제47조(정당의 후보자추천) ② 정당이 제1항에 따라 후보자를 추천하는 때에는 당헌 또는 당규로 정한 민주적인 절차에 따라야 하며, 비례대표국회의원선거의 후보자를 추천하는 경우에는 다음 각 호의 절차를 따라야 한다. 1. 정당은 민주적 심사절차를 거쳐 대의원·당원 등으로 구성된 선거인단의 민주적 투표절차에 따라 추천할 후보자를 결정한다. 2. 정당은 제1호에 따른 비례대표국회의원선거의 후보자 추천절차의 구체적인 사항을 당헌·당규 및 그 밖의 내부 규약 등으로 정한다. 이 경우 정당은 선거일 전 1년(선거일 전 1년 후에 창당·합당한 정당의 경우에는 「정당법」 제4조제1항·제19조제2항에 따라 창당·합당이 성립한 날부터 1개월)까지 비례대표국회의원선거의 후보자 추천절차의 구체적인 사항을 중앙선거관리위원회에 서면으로 제출하고, 중앙선거관리위원회는 정당별로 후보자 추천절차의 제출여부와 내용을 홈페이지에 게시하여야 한다. 3. 정당은 제49조에 따라 후보자등록을 하는 때에 비례대표국회의원선거의 후보자 추천과정을 기록한 회의록 등 제1호 및 제2호 전단에 따라 후보자가 추천되었음을 증명할 수 있는 자료를 후보자명부에 첨부하여야 한다.	제47조(정당의 후보자추천) ② 정당이 제1항에 따라 후보자를 추천하는 때에는 민주적인 절차에 따라야 한다.

72표, 기권 20표로 통과되었다. 이 개정안에 정의당 의원은 모두 반대했고, 위성정당인 더불어시민당을 통해 초선 의원이 된 기본소득당 용혜인은 찬성했다. 결국 2020년 12월 29일 시행된 공직선거법 제47조 제2항에는 비례대표 후보자 추천의 구체적인 민주적 절차 규정이 빠지고 "민주적인 절차에 따라야 한다"는 앙상한 선언만 남게 되었다.

하지만 공직선거법 제1장 제1조에 이미 "선거가 국민의 자유로운 의사와 민주적인 절차에 의하여 공정히 행하여지도록" 한다는 목적이 제시되어 있다. 따라서 공직선거법 제47조 제2항이 별도로 존재해야 할 이유가 있다면 비례대표 후보 등의 추천에 관한 민주적 절차를 세부적으로 규정하기 위한 것이어야 한다. 그런데 이 세부 규정이 삭제됨으로써 제47조 제2항의 존재 이유가 사라진 것이나 마찬가지다.

한편 이로부터 3년이 흐른 뒤 〈표 5〉에 있는 비례대표 국회의원선거의 후보자 추천에 관한 정당법 제36조의2가 신설되었다. 2023년 12월 20일 국회 본회의를 통과한 정당법 일부개정법률안에 따른 것이었다. 2024년 총선이 다가오자 비례대표 후보 선출에 관한 규정을 담은 법령이 미비하다는 것을 깨달은 여야가 이렇게라도 생색을 내려 한 것이다. 하지만 공직선거법 제47조 제2항에서 삭제되었던 "당헌 또는 당규로 정한"이라는 내용이 "당헌·당규 또는 그 밖의 내부규약 등으로 정하는 바"로 바뀐 것에 불과했다. 당헌, 당규, 기타 내부규약을 마련하고 이를 따르는 일은 위성정당의 창당과 활동에 아무런 방해도 되지 않는다.

불편한 민주적 절차 규정을 없애는 데 야합한 위성정당 추진 세력은 이를 통해 앞으로도 다시 위성정당을 만들 수 있다는 사실을 강력하게 암시했다. 당시 이를 알아차린 사람은 많지 않았지만 말이다. 결국 제22대 총선에서 양당은 위성정당을 다시 창당했고, 위성정당의 비례대표 후보 공천 과정에서 더욱 노골적인 영향력을 행사했다. 그리하여 정당 민주주의와 선거 민주주의는 더욱 후퇴했다.

2부
-
위성정당 체제 형성의 원인

5장 비례대표제 정치개혁의 실패

제21대 총선에 처음 도입된 한국의 새로운 비례대표제를 통상적으로 '준연동형 비례대표제'라 부른다. 이 책에서도 일단 그렇게 부르고 있다. 하지만 독일식 또는 뉴질랜드식 연동형 비례대표제에 준한다고 보는 '준연동형' 또는 연동형 비례대표제를 절반 수준에서 적용한다는 '50% 연동형' 등의 명칭은 사실 오해의 소지가 크다. 준연동형 비례대표제는 본질적으로 연동형 비례대표제와 거리가 먼 것이기 때문이다. 사실 선거제도 개혁논의의 출발점은 연동형 비례대표제였다. 하지만 국회 논의 과정에서 연동형 비례대표제와의 거리가 점점 멀어졌고, 그것으로도 모자라 급기야 위성정당까지 출현한 것이다.

'연동형'에서 뒷걸음질만 친 결과

선거제도 개혁안의 직접적인 출발점은 2015년 2월 선관위가 정치관계법 개정 의견에 포함해 국회에 제출한 권역별 연동형 비례대표제였다. 당시 선관위 개혁안은 전국을 6개 권역으로 구분하고 지역구와 비례대표 비율을 2:1(200:100)로 하는 것이었다. 그리고 권역별로 배분할 의석이 정해지면 각 의석할당정당의 비례대표 득표율에 따라 지역구 의석과 비례대표 의석을 합한 정당별 전체 의석을 배분하는 방식이었다. 이는 독일이나 뉴질랜드의 선거제도와 유사한 연동형 비례대표제였다.

제20대 총선을 앞둔 시점에서 선관위가 이런 개혁안을 제출했던 이유는 당시 정치개혁의 필요성에 대한 사회적 공감대가 있었기 때문이다. 선관위는 이를 유권자의 정치적 의사를 충실히 반영하면서 한 정당이 지역의 의석을 독점하는 현상을 완화하기 위한 개혁안으로 구체화했다. 그 결과 정당 지지도와 의석 점유율 사이의 불비례성(disproportionality)을 극복하고 대표성을 강화할 수 있는 연동형 비례대표제의 권역별 실시와 지역구와 비례대표 후보의 동시 입후보 허용안이 제출되었다. 또한 연동형 비례대표제가 실질적인 의미를 지닐 수 있도록 비례대표 의석비율을 최소한 지역구 의석의 절반 수준으로 높이는 안이 나왔다.

2019년 4월 30일 패스트트랙으로 지정된 선거제도 개혁안은 위의 선관위 개혁안을 모델로 삼았다. 하지만 지역구와 비례대표 의석비율은 3:1(225:75)로 후퇴했다. 의석배분 방식도 크게 달라졌다. 비례대표 득표율로 각 정당의 전체 의석수를 결정하는 연동형 방식을 없앴다. 대신 비례대표 의석을 할당하는 계산에서 연동형 방식과 병립형 방식을 절충한 준연동형 방식이 고안되었다. 쉽게 말해, 지역구 의석수가 많아질수록 배분받을 수 있는 비례대표 의석수가 줄어들도록 했으나 어느 정도까지만 그렇게 하고 나머지는 지역구 의석수와 상관없이 정당 득표율로 의석을 할당하는 제도를 설계했다. 다만 권역별 비례대표제와 동시 입후보제의 하나인 석패율제는 그대로 남았다.

2019년 12월 27일 국회 본회의를 통과한 공직선거법 일부개정법률안에 대한 수정안은 여기서 다시 비례대표 의석정수를 75에서 47로 대폭 줄였다. 뒤에서 좀 더 자세히 살펴볼 것이지만, 이 때문에 연동형 방식과 병립형 방식을 절충한 준연동형 방식 자체가 무의미해졌다. 허석재 국회입법조사처 입법조사관도 "현재와 같이 적은 비례대표 의석으로는 50% 연동률을 통해서도 병립형 의석배분이 이뤄지기 어렵고, 실제로는 '준'연동형으로 작동하지 않게 된다"는 점을 정확히 지적한다(허석재 2024).

사실 이러한 비례대표 의석정수의 축소는 패스트트랙으로 지정된, 2019년 4월 24일 심상정 의원이 대표 발의한 공직선거법 일부개정법률안의 핵심 제안 이유인 "국회의원 전체 의석을 각 정당의 득표율을 기준으로 배분하고 각 정당에 배분된 의석수에서 해당 정당이 지역구 국회의원선거에서 획득한 당선자 수를 공제한 의석수의 절반을 우선 배분하고 나머지 비례대표 의석은 정당 득표율에 따라 배분하는 방식으로 비례대표 국회의원을 배분하도록 비례대표 의석배분 방식을 개선"한다는 내용을 유명무실하게 만든 것이었다. 적어도 패스트트랙으로 올라온 비례대표 의석정수 75가 유지되었다면 이런 상황이 벌어지지는 않았을 것이다.

한편 국회 본회의를 통과한 수정안은 권역별 비례대표제와 석패율제도 뺐다. 그러나 이것이 끝이 아니었다. 지역구 선거에 참여하지 않고 비례대표 선거에만 참여하는 거대 양당의 위성정당이 출현하면서 지역구 의석이 많을수록 비례대표 의석은 조금 덜 가져가는 요소를 도입한 준연동형 비례대표제 자체가 유명무실해지는 사태가 벌어졌다. 결국 거대 양당의 이해관계와 충돌하는 연동형 비례대표제가 후퇴에 후퇴를 거듭하면서 위성정당마저 허락된 현행 준연동형 비례대표제까지 오게 된 것이다.

'준연동형'은 '연동형'과 얼마나 가까운가?

독일은 2023년에 선거법을 개정하여 총의석수를 630석(지역구 299석, 비례대표 331석)으로 고정하고, 초과의석(overhang seats)과 보정의석(leveling seats)을 없앴다. 여기서 초과의석이란 지역구 의석수가 비례대표 지지율에 따라 할당된 전체 의석수보다 많은 경우 그 초과분에 해당하는 의석을 말하고, 보정의석이란 어떤 정당의 초과의석이 인정될 때 표의 비례성이 왜곡되는 문제를 해결하기 위해 다른 정당에 추가로 할당하는 의석을 말한다.

이에 따라 지역구 1위 득표자는 주(州) 명부 투표에 의한 정당 할당의석의 범위 내에서만 당선될 수 있게 되었다. 정당 할당의석을 초과하는 지역구 1위 득표자가 있으면, 주 내에서 1위 득표자 간 득표율에 따라 당선인이 정해진다. 즉, 이전처럼 초과의석과 보정의석을 인정하지 않고 지역구 1위라 하더라도 낙선자가 생길 수 있도록 하여 정당 득표율과 전체 의석수의 비례성을 구현하는 제도를 도입했다(허석재 2023, 11). 독일의 이전 선거법이 지역구 초과의석을 인정하는 대신 보정의석 할당으로 비례성을 유지했다면, 새로운 선거법은 지역구 초과의석을 인정하지 않음으로써 비례성을 유지하는 것이다.

한편 뉴질랜드는 1993년 국민투표를 통해 소선거구 단순다수대표제를 연동형 비례대표제로 바꾸었다. 1996년 총선부터 적용된 이 제도는 정당 득표율을 기준으로 총 120석(지역구 72석, 비례대표 48석)을 할당하되 보정의석은 인정하지 않으나 지역구 초과의석은 인정한다. 따라서 실제 의석수는 120석을 넘을 수도 있다. 따라서 뉴질랜드의 연동형 비례대표제는 독일의 연동형 비례대표제보다 비례성의 원칙이 덜 철저하게 지켜진다.

하지만 이들 나라가 시행하고 있는 연동형 비례대표제의 가장 큰 특징은 정당 득표율이 기본적으로 전체 의석수를 결정한다는 것이다.

연동형 비례대표제는 지역구 의석과 비례대표 의석이 혼재하는 것이므로 혼합형 선거제도의 하나로 불리기도 하지만, 정당 득표율이 전체 의석수의 기준이 된다는 측면에서 선거제도 자체가 비례대표제의 성격이 매우 강한 것으로 볼 수 있다. 반면 한국의 이전 병립형 비례대표제나 현재의 준연동형 비례대표제는 전체 의석의 약 15%에 불과한 비례대표 의석만을 각기 다른 방식으로 할당하는 제도에 불과하다(장영수 2019, 230-231; 황동혁 2021, 10-11). 따라서 한국의 준연동형 비례대표제는 본질적으로 연동형 비례대표제와 비슷한, 또는 이에 준하는 제도로 볼 수 없다.

그럼에도 '준연동형'이라는 표현이 계속 쓰이다 보니 이를 '연동형'과 혼동하는 사람마저 생겨난다. 기본소득당 용혜인 의원이 가장 대표적이다. 그는 한 계간지와의 대담에서 "지난 총선에서 새진보연합 활동은 한국 정치사에 유례가 없을 만큼 긴밀한 정치연합이었습니다. 이 연합이 있었기에 연동형 비례제를 지켜낼 수 있었고, 세 정당의 연합을 넘어 민주진보진영의 큰 연합과 총선 승리까지 이끌어냈습니다"고 말했다(기본소득정책연구소 2024). 이 발언에는 두 가지 결정적인 오류가 있다. 첫째, 연동형 비례대표제는 우리나라에 존재한 적이 없다. 둘째, 연동형 비례대표제 대신 자리하고 있던 준연동형 비례대표제마저 지켜진 것이 아니라 위성정당 탓에 완전히 무너졌다.

'50% 연동률'이라는 표현이 불러온 혼동

한편 심상정 정의당 전 의원의 증언에 따르면, 공직선거법 개정 논의 당시 더불어민주당 이해찬 대표는 연동형 비례대표제는 당론이 아니라며 처음에는 손사래를 쳤고, 나중에야 50% 범위 안에서 한번 검토해 보자며 손을 내밀어서 '준연동형'이라는 말이 탄생했다고 한다(심상정 2023, 67-68). 앞에서 설명한 것처럼 연동형 비례대표제는 정당 득표율로 전체 의석을 할당하는 것이다. 그런데 이를 50%만 적용한다는 것은 구체적으로 무엇을 의미하는 것일까? 문자 그대로 해석하면, 정당 득표율로 전체 의석이 아닌 그 절반을 할당하는 것으로 이해할 수 있다.

하지만 공직선거법의 실제 내용은 이와 무관하다. 정당 득표율로 전체 의석의 절반을 할당하는 것이 아니라 정당 득표율이 비례대표 의석배분 계산에만 제한적으로 쓰이기 때문이다. 그리고 이 50% 적용의 의미는 구체적으로 공직선거법 제189조의 연동배분의석수 계산식에 있는 '÷2'를 가리킨다.

연동배분의석수
= [(국회의원정수 - 의석할당정당이 추천하지 않은 지역구국회의원당선인수)
  × 해당 정당의 비례대표국회의원선거 득표비율
  - 해당 정당의 지역구국회의원당선인수] ÷ 2

이를 두고 선관위와 언론 등에서 준연동형 비례대표제의 의석할당 계산을 설명하면서 '50% 연동률'이라는 표현을 종종 써왔다. 연동배분의석수 계산식의 이 항은 연동형 비례대표제의 절반 수준을 적용한다는 의미와 전혀 다른 것임에도, 50% 연동률이라는 표현이 사용됨으로써 그런 혼동이 계속 발생한다.

만일 50% 연동률이 연동형 비례대표제의 절반 수준을 적용하는 것이라면, 100% 연동률은 연동형 비례대표제의 온전한 적용을 뜻하는 것이어야 한다. 그러나 연동배분의석수 계산식에 다시 2를 곱해 50% 연동률을 100% 연동률로 만든다고 해서 이것이 연동형 비례대표제가 되는 것은 아니다. 이는 단지 50% 연동률로 계산한 연동배분의석수 합계를 두 배로 만들 뿐이다.

예를 들어, 위성정당이 없었다고 가정하면, 50% 연동률이 적용된 제21대와 제22대 총선의 연동배분의석수 합계는 각각 50, 60이다. 연동률이 100%였다면 이 수치는 각각 100, 120이다. 비례대표 의석정수가 제21대와 제22대 총선에서 각각 47, 46이었으므로 연동률이 50%인 상황에서도 연동배분의석수 합계가 이미 비례대표 의석정수를 초과하여 잔여배분의석수가 생기지 않는다. 잔여배분의석수가 없으면 '조정의석수'가 최종의석수가 된다. 여기서 조정의석수란 비례대표 의석정수에 각 정당의 연동배분의석수 비율을 곱하여 산출한 값을 말한다.

조정의석수 = 비례대표국회의원 의석정수 × 연동배분의석수
÷ 각 연동배분의석수의 합계

즉, 위성정당이 없었다는 전제 아래 제21대와 제22대 총선에 적용된 연동률 50%를 100%까지 높이면서 연동배분의석수를 증가시켜보았자 그 정당이 갖는 비율이 달라지는 것은 아니므로 조정의석수 계산 결과는 연동률이 50%일 때의 결과와 항상 똑같다. 연동률 상승이 최종 의석배분에 아무런 영향을 끼치지 않는다. 비례대표 의석정수가 매우 적어 연동률 50% 적용 결과나 100% 적용 결과가 같은 제도를 놓고, 연동률 50% 적용은 준연동형 비례대표제이고 연동률 100% 적용은 연동형 비례대표제라고 말할 수 없다.

'50% 연동률'마저 무용지물로 만든 비례대표 의석 축소

　50% 연동률 적용이 100% 연동률 적용 결과와 달라지기 위해서는 50% 연동률의 연동배분의석수 합계보다 비례대표 의석정수가 커야 한다. 예를 들어, 9장의 〈표 13〉이 보여주듯이, 만일 제22대 총선에서 비례대표 의석정수가 100이었다면, 50% 연동률에서의 연동배분의석수 합계가 60에 불과하므로 그 나머지인 40이 병립형 방식으로 배분할 잔여배분의석수가 된다. 그 결과 연동배분의석수가 없는 더불어민주당이 정당 득표율에 비례한 잔여배분의석 12석을 가져갈 수 있다. 그러나 연동률이 100%가 되면 연동배분의석수 합계가 비례대표 의석정수를 초과한 120이 되므로 잔여배분의석수가 생기지 않는다. 그러면 더불어민주당이 가져갈 수 있는 의석도 없다.

　사실 공직선거법의 연동배분의석수 계산 공식에 이른바 50% 연동률인 '÷2'를 삽입한 입법 의도는 앞서 살펴본, 심상정 의원이 대표 발의한 공직선거법 일부개정법률안의 제안 이유에 있는 내용 그대로다. 그러나 비례대표 의석의 절반은 연동형 방식으로 할당하고 나머지 절반은 병립형 방식으로 할당한다는 입법 의도는 정당의 지역구 의석수가 정당 지지도에 비례한 의석수를 넘어서지 않는 이상적인 조건에서만 실현 가능하다는 사실이 입법 과정에서 간과되었다.

　위성정당이 출현하지 않았다고 해도 비례대표 의석정수가 턱없이 적은 상황에서 이러한 이상적인 조건은 성립 자체가 불가능하다. 비례대표 의석비율이 낮을수록 거대정당이 자신의 정당 지지도에 비례한 의석수보다 지역구 의석수를 더 많이 가져갈 가능성이 크기 때문이다. 이런 경우가 생기면 지역구 의석수가 늘어날수록 해당 거대정당의 연동배분의석수의 음

수값이 커진다. 그런데 공직선거법 제189조 제2항에 따라 1보다 적은 연동배분의석수는 모두 0으로 처리되므로 연동배분의석수 합계가 정확히 음수값의 절댓값만큼 늘어나게 된다. 그리고 연동률 50%에서 이 합계가 비례대표 의석정수를 초과하게 되면 앞에서 살펴본 것처럼 연동률을 이보다 더 높이는 것이 의석배분 결과에 아무런 차이를 가져오지 못한다.

결론적으로, '50% 연동률'이라는 표현은 준연동형 비례대표제를 연동형 비례대표제와 가까운 것으로 오해하도록 만들었을 뿐만 아니라, 그 실체인 '÷2'는 비례대표 의석정수가 매우 적은 상황에서는 아무런 실질적인 역할을 하지 못한다. 입법 논의 과정에서 비례대표 의석정수를 대폭 줄여 비례대표제 성격을 현저하게 후퇴시킨 것이 준연동형 비례대표제 의석배분 계산식의 핵심 요소인 '50% 연동률'마저 쓸모없게 만든 것이다.

위성정당의 출현, 예견된 선거제도의 허점

제21대 총선을 앞두고 미래통합당을 제외한 정당들은 준연동형 비례대표제를 도입하는 공직선거법 개정안을 밀어붙였다. 이들은 위성정당이 출현할 수도 있는 구멍이 있다는 사실을 알았다고 한다. 관련자들의 증언에 따르면, 설령 그렇다 하더라도 국민의힘 쪽에서 설마 위성정당을 만들겠냐며 그 가능성을 낮게 점친 사람들이 있었다. 또한 국민의힘이 그렇게 나온다고 해도 더불어민주당은 결단코 위성정당을 만들지 않을 것이라는 확신이나 믿음이 있었다고 한다.

결국 위성정당의 등장은 단순히 선거제도의 허점을 이용한 것일 뿐만 아니라, 정치권의 근시안적인 판단과 안일한 인식이 빚어낸 결과로 볼 수 있다. 이러한 판단과 인식은 결국 위성정당의 출현으로 이어졌다. 지역구 당선인 수가 많을수록 비례대표 의석할당을 줄여 정당 지지도와 의석 점유율 사이의 불균형을 완화하려 한 준연동형 비례대표제는 제21대 총선에서 더불어시민당과 미래한국당이라는 위성정당이 나타나면서 완전히 무력화되었다. 이는 제22대 총선에서도 똑같이 반복되었다. 위성정당을 허용한 준연동형 비례대표제 선거 결과는 병립형 비례대표제 선거 결과와 거의 똑같았다.

〈표 7〉은 제21대 총선 결과를 이용하여 준연동형 비례대표제 도입 이전의 선거제도인 병립형 비례대표제, 제21대 총선에 실제로 적용된 30석 캡이 있는 위성정당 허용 준연동형 비례대표제, 캡이 없는 위성정당 허용 준연동형 비례대표제, 30석 캡이 있고 위성정당이 없는 준연동형 비례대표제, 캡도 없고 위성정당도 없는 준연동형 비례대표제의 선거 결과를 비교해서 보여준다. 이 계산은 비례대표 국회의원 의석배분을 규정한 공직선거법 제189조에 기초한 것이다(부록 4 참조).

한편 선관위가 발표한 제21대 총선의 공식 결과인 〈표 7〉의 (2)는 의석할당정당 규정에 대한 잘못된 해석에 기초한 것인데, 이 문제는 부록 5에서 별도로 다룬다. 박동천(2023, 249-255)과 최광은(2024)은 선관위가 공직선거법 제189조 제1항의 "의석할당정당이 추천하지 않은 지역구국회의원당선인수"를 잘못 해석하여 의석배분 계산에 오류가 발생했다고 본다. 이러한 오류 탓에 제21대 총선에서 열린민주당의 비례대표 3번 강민정 후보가 의원이 될 수 있었고, 더불어시민당 비례대표 18번 이경수 후보는 의원이 될 수 없었다. 마찬가지로 제22대 총선에서는 개혁신당의 비례대표 2번 천하람 후보가 의원이 될 수 있었고, 국민의미래 비례대표 19번 이소희 후보는 의원이 될 수 없었다.

표 7 제21대 총선 비례대표 의석배분 시뮬레이션

제21대 총선 비례대표 의석 (총 47석)	(1) 병립형 비례대표제	(2) 위성정당 허용 준연동형 (30석 캡)	(3) 위성정당 허용 준연동형 (캡 없음)	(4) 위성정당 방지 준연동형 (30석 캡)	(5) 위성정당 방지 준연동형 (캡 없음)
미래통합당/미래한국당	18	19	18	15	13
더불어민주당/더불어시민당	18	17	18	6	0
정의당	5	5	5	12	15
국민의당	3	3	3	8	10
열린민주당	3	3	3	6	9

위의 표에서 확인할 수 있듯이 위성정당을 허용하는 준연동형이 적용된 제21대 총선의 실제 결과는 그 이전의 선거제도인 병립형 비례대표제가 적용되었을 때와 거의 같다. 30석 캡이 없었다면 그 결과는 병립형 비례대표제와 완전히 같았을 것이다. 하지만 위성정당이 허용되지 않았다면 결과는 완전히 달라졌을 것이다. 위성정당도 없었고 캡 조항도 없었다면 더불어민주당은 비례대표 의원을 1석도 얻지 못했을 것이고 정의당은 10석을 더 얻을 수 있었다. 즉, 위성정당을 방지하지 못한 순간 선거제도는 한 치도 앞으로 나아가지 못한 것이다. 정의당을 비롯한 소수정당에 돌아갈 수 있었던 의석을 더불어민주당이 대부분 가로채 갔다. 위성정당 허용의 최대 수혜자는 바로 더불어민주당이었다.

위성정당 허용이 바꾼 비례대표 선거 결과

제22대 총선에서는 총 46석의 비례대표 국회의원 의석이 제21대 총선과 마찬가지로 위성정당이 허용된 준연동형 비례대표제 계산 방식으로 결

정되었다. 〈표 8〉의 (2)가 선관위가 발표한 공식 총선 결과다(이 결과에 대한 문제 제기는 부록 5 참조). 총선 직전에 두 가지 선택지가 더 있었다. 하나는 병립형 비례대표제로 회귀하는 방법이었고, 다른 하나는 위성정당을 방지하는 준연동형 비례대표제를 택하는 방법이었다. 그렇다면 다른 두 가지 선택지를 통해 제22대 총선을 치렀다면 결과가 얼마나 달라졌을까?

〈표 8〉의 (1)은 병립형 비례대표제가 적용되었을 때의 결과를 보여준다. 이론적으로는 위성정당 허용 준연동형 비례대표제의 결과와 같아야 한다. 그런데 병립형 비례대표제였다면 국민의힘이 1석을 더 많이 가져가고 더불어민주당은 1석을 더 적게 가져간다. 하지만 무슨 대단한 차이가 있는 것은 아니고 계산식의 소수점 처리 과정에서 생긴 작은 차이가 의석배분 결과에 약간의 영향을 미쳤을 뿐이다.

〈표 8〉의 (3)은 〈표 7〉의 (5)와 마찬가지로 위성정당이 없었다면 더불어민주당이 비례대표 의석을 하나도 가져가지 못했을 것임을 보여준다. 여기서 더불어민주당의 지역구 당선인 수가 몇 명 이상이면 그런 결과가 나오는가를 따져볼 수 있다. 사실 정확한 계산은 나머지 정당의 선거 결과 정

표 8 제22대 총선 비례대표 의석배분 시뮬레이션

제21대 총선 비례대표 의석 (총 46석)	(1) 병립형 비례대표제	(2) 위성정당 허용 준연동형 비례대표제	(3) 위성정당 방지 준연동형 비례대표제	
			연동배분의석수 (합계 60)	최종의석수 (합계 46)
미래통합당/ 미래한국당	19	18	15	11
더불어민주당/ 더불어시민당	13	14	0	0
조국혁신당	12	12	40	31
개혁신당	2	2	5	4

보가 모두 있어야 가능한데, 여기서는 다만 이 제도의 기본 특징을 파악하는 것이 목적이므로 다른 조건을 단순화해서 이 문제를 살펴보자. 공직선거법 제189조에 있는 연동배분의석수 계산식에서 출발하면 된다.

연동배분의석수
= [(국회의원정수 - 의석할당정당이 추천하지 않은 지역구국회의원당선인수)
× 해당 정당의 비례대표국회의원선거 득표비율
- 해당 정당의 지역구국회의원당선인수] ÷ 2

먼저 계산식의 각 항목을 정의해보자. 의석정수는 300, 의석할당정당이 추천하지 않은 지역구 국회의원 당선인 수는 2(새로운미래 1, 진보당 1), 더불어민주당(더불어민주연합)의 의석할당정당 득표비율은 29.26%, 더불어민주당의 지역구 당선인 수는 161명이다. 따라서 더불어민주당의 연동배분의석수는 다음과 같이 계산할 수 있다. '[(300-2)×0.2926-161]÷2= -36.9'. 이때 연동배분의석수가 1보다 작으면 0으로 간주하게 되어 있으므로, 더불어민주당의 연동배분의석수는 0이다.

지역구 의석비율이 정당 지지도를 초과한다면?

이 연동배분의석수가 곧바로 최종의석수로 변환되기 위해서는 한 단계를 더 거쳐야 한다. 각 정당의 연동배분의석수 합계보다 비례대표 의석정수가 많아 잔여배분의석수 계산이 실행되는가를 확인하는 과정이다. 그런 상황이 일어나지 않으면 조정의석수를 계산하고 이것이 최종의석수가 된다. 〈표 8〉의 (3)에서는 각 정당의 연동배분의석수 합계가 60이므로 조정의석수를 계산하면 끝이다. 따라서 더불어민주당의 비례대표 최종의석수는 0이다.

이제 더불어민주당의 연동배분의석수가 0이 아니라 1 이상이 되어 비례대표 의석을 가져갈 수 있는 지역구 당선인 수의 최댓값을 찾아보자. 다시 연동배분의석수 계산식으로 돌아간다. '(300-2)×0.2926'의 값이 87.2라 하면 지역구 당선인 수가 최대 85가 되어야 '(87.2-85)÷2=1.1'이 되어 연동배분의석수가 1 이상이 되고 비례대표 의석을 확보할 수 있다. 따라서 정당 득표율이 29.26%라 가정하면 더불어민주당의 지역구 당선인이 86명 이상만 되어도 위성정당이 없는 현행 준연동형 비례대표제에서는 비례대표 의석을 1석도 가져갈 수 없다. 다만 이 숫자는 다른 모든 조건이 동일하다는 단순한 가정에서 산출된 것이고, 실제 결과는 다른 정당의 지역구 당선인 수와 정당 득표율 등에 따라 달라질 수 있다.

조금 더 조건을 단순화하여 위의 계산식에서 의석할당정당이 추천하지 않은 지역구 국회의원 당선인 수가 없다고 가정해 보자. 그렇다면 '300×0.2926'의 값은 87.8이 된다. 이때도 지역구 당선인 수가 최대 85가 되어야 '(87.8-85)÷2=1.4'가 되므로 연동배분의석수가 1 이상이 되어 비례대표 의석 확보가 가능하다. 여기서 87.8은 전체 의원정수에 정당 득표율을 곱한 값이고, 85는 비례대표 의석배분이 가능한 지역구 당선인 수 최댓값이다.

이제 위와 같은 조건과 가정이 성립한다는 전제 아래, 다음과 같은 단순화된 결론에 도달한다. 위성정당이 없는 준연동형 비례대표제에서는 전체 의원정수에 정당 득표율을 곱한 값을 기준으로 하여, 지역구 당선인 수가 이와 같거나 이를 넘어서게 되면 비례대표 의석을 할당받을 수 없다. 바꿔 말하면, 전체 의원정수에서 지역구 당선인 수가 차지하는 비율이 비례대표 득표율과 같거나 이를 넘어서게 되면 비례대표 의석을 배분받을 수 없다.

양당의 위성정당을 막을 수 있었다면?

다시 〈표 8〉의 (3)을 살펴보자. 총선에 앞서 적지 않은 사람들이 위성정당을 방지해야 한다고 목소리를 높였다. 하지만 실제로 위성정당이 방지되어 국민의미래와 더불어민주연합이 탄생하지 않았다면, 조국혁신당이 가장 큰 수혜를 입었을 것이다. 양당의 공식적인 위성정당이 없었다면 조국혁신당이 무려 19석을 더 획득할 수 있었기 때문이다. 이러한 결과는 무엇을 말해주는가?

다시 말하지만, 제22대 총선 직전에 창당한 조국혁신당은 제21대 총선 직전에 창당한 열린민주당의 업그레이드 버전이다. 열린민주당과 조국혁신당은 형식적으로는 더불어민주연합과 같은 위성정당이 아닌 독립정당이나 내용적으로는 더불어민주당의 위성정당이다. 위성정당 방지법은 사실 이번 총선에 등장한 국민의미래나 더불어민주연합과 같이 겉으로 너무나 분명하게 드러나는 위성정당의 등장은 막을 수 있었겠지만, 자발적 외양을 갖춘 사실상의 위성정당, 즉 준위성정당의 등장까지 막을 방법은 없다. 이러한 준위성정당이 언제든지 등장할 수 있다면, 위성정당을 방지하는 준연동형 비례대표제는 큰 의미가 없다는 주장도 가능하다.

공약(空約)이 된 위성정당 방지 공약(公約)

제21대 총선이 끝나고 앞다투어 위성정당 방지 공약이 쏟아졌다. 위성정당 창당에 동참하기는 했으나 그것이 문제라는 것은 양당 관계자 모두가 인정하는 분위기였다. 특히 이재명 더불어민주당 대표는 여러 차례 위성정당 방지를 약속했다. 대통령 선거공약은 물론 안철수 후보와의 TV토론, 김동연당과의 합당 결의, 전당대회 결의문 등에도 위성정당 방지 약속이 들어갔다.

더불어민주당의 대통령 후보가 된 그는 2021년 11월 12일 기자회견을 열어 "위성정당 창당으로 연동형 비례대표제의 취지를 살리지 못한 것에 대해 당의 후보로서 국민 여러분께 사과드린다"고 말했다. 또한 "개혁정당을 표방하는 더불어민주당이 정치적 손익을 계산하며 작은 피해에 연연하여 위성정당 창당행렬에 가담하여 국민의 다양한 정치의사 반영을 방해하고, 소수정당의 정치적 기회를 박탈한 것을 가슴 아프게 생각하고 깊이 반성한다"는 말도 덧붙였다. 이어서 위성정당 방지법을 마련하라고 당 선거대책위원회에 직접 지시를 내렸다.[39]

하지만 위성정당 창당에 대한 사과와 반성, 위성정당 방지법 마련은 얼마 지나지 않아 모두 빈말이 되고 말았다. 제22대 총선을 두 달가량 앞둔 2024년 2월 5일 이재명 더불어민주당 대표는 기자회견을 열어 이번에도 위성정당을 허용하는 준연동형 비례대표제를 유지하겠다는 견해를 밝혔다. 그리고 "반칙이 가능하도록 불완전한 입법을 한 것", "국민께 약속드렸던 위성정당 금지 입법을 하지 못한 점", "결국 위성정당에 준하는 준(準)위성정당을 창당하게 된 점"에 대해 다시 사과했다.[40] 그런데 이번에는 재발 방지책에 대해서는 일언반구도 없었다.

제21대 총선이 끝나고 더불어민주당 의원들을 중심으로 위성정당 방지 입법 시도가 없었던 것은 아니다. 2023년 11월 28일에는 75명의 더불어민주당 의원이 참여하여 위성정당 방지를 위한 공직선거법 일부개정법률

---

39) 이재명 후보 위성정당 방지법 선대위 지시 관련, 더불어민주당 공보국, 2021.11.12.
40) '준연동형 비례제' 결심 이재명 "위성정당 죄송" 4번 사과, 한국일보, 2024.02.05.

안을 발의했다. 이 개정안은 지역구 후보 숫자의 20% 이상 비율을 비례대표 후보로 추천하도록 의무화하는 내용을 담았다. 즉, 총선에 참여하는 정당이 지역구와 비례대표 후보를 동시에 내도록 강제하여 위성정당을 막겠다는 안이었다. 그 밖에도 〈표 9〉가 보여주는 것처럼 위성정당 방지를 위한 여러 법률 개정안이 발의되었다.

하지만 〈표 9〉에 등장한 공직선거법 및 정치자금법 일부개정법률안 중에서 통과된 것은 아무것도 없다. 위성정당 방지 입법이 이처럼 실패하게 된 이유는 어디에 있을까? 단순히 국민의힘이 반대했기 때문일까? 아니다. 더불어민주당 지도부는 물론이고 이 법안들을 발의한 더불어민주당 의원들조차 사실 위성정당 방지에 관한 확고한 의지가 있었다고 보기는 어렵다. 예를 들어, 위성정당인 더불어민주연합으로 당적을 옮긴 12명의 더불어민주당 의원 가운데 10명의 의원(지역구 의원 김민철, 송재호, 이용빈, 윤영덕, 이형석, 비례대표 의원 강민정, 권인숙, 김경만, 김의겸, 양이원영)은 김상희 의원이 대표 발의한 위성정당 방지를 위한 공직선거법 일부개정법률안의 제안자들이기도 했다.

생색내기에 그친 위성정당 방지법

더불어민주당의 일부 의원들은 제21대 총선에서 위성정당을 만든 것에 대해 사과하고 반성하는 마음이 조금은 있었을 것이다. 여러 위성정당 방지법이 등장한 것도 그 때문으로 볼 수 있다. 하지만 이런 흐름은 정치적 실익 계산 앞에 무용지물이 되었다. 만일 제22대 총선에서도 제21대 총선과 비슷하게 더불어민주당이 지역구에서 압승을 거둔다면, 정확히 말해 전체 의석에서 이들이 차지하는 지역구 의석비율이 비례대표 득표율을 넘

표 9 위성정당 방지를 위한 공직선거법 및 정치자금법 일부개정법률안

해당 법률	구분	제안자	주요 내용
공직선거법	비례대표 후보 추천 비율 의무화	민형배 의원 등 12인 (2022.01.28.)	지역구 의석수 50% 이상 추천정당의 비례대표 의석수 50% 추천을 의무화
		박성준 의원 등 15인 (2023.04.11.)	지역구 국회의원 의석 범위 내 30% 이상을 추천한 정당은 비례대표 의석 범위 내 30% 이상 후보자를 추천하도록 의무화
		김상희 의원 등 75인 (2023.11.28.)	비례대표 선거의 후보자 추천 비율은 지역구 선거의 후보자 추천 비율의 100분의 20 이상이 되도록 함.
	정당투표 참여 의무화	강민정 의원 등 10인 (2022.06.16.)	비례대표 국회의원선거 또는 비례대표 지방의회의원선거에서 후보자를 배출하지 않은 정당을 포함한 모든 정당의 기호와 정당명을 정당투표 용지에 표시하도록 함.
		심상정 의원 등 10인 (2023.07.11.)	비례대표 국회의원선거에서 후보자를 추천하지 않은 정당을 포함한 모든 정당의 기호와 정당명을 정당투표 용지에 표시하도록 하며, 지역구 국회의원선거와 비례대표 국회의원선거 중 어느 하나에 후보자를 추천하지 않은 정당에 대하여 전국적으로 통일된 기호를 부여하지 않도록 함.
정치자금법	국고보조금 조건부 지급	심상정 의원 등 10인 (2023.07.11.)	지역구 국회의원선거와 비례대표 국회의원선거에 각각 5명 이상 후보자를 추천한 정당에 한해 선거보조금을 배분·지급하도록 함.
		이탄희 의원 등 14인 (2023.11.06.)	'지역구 다수 정당'과 비례대표 당선인의 수가 지역구 당선인의 수보다 많은 '비례대표 다수 정당'이 합당하는 경우 합당한 이후부터 임기만료에 따른 국회의원선거를 실시하기 전까지 해당 정당에 대한 보조금을 일정한 범위에서 감액하여 지급하는 페널티를 부여함.

어선다면, 위성정당이 허용되지 않는 준연동형 비례대표제에서는 비례대표 의석을 확보하기 어렵다는 것을 이들은 분명히 알고 있었다.

위성정당을 통해 정치적 생존을 꿈꾼 몇몇 소수정당과 일부 정치세력은 위성정당을 연합정치로 포장하기에 바빴을 뿐 위성정당 방지라는 말은 금기어나 다름없었다. 그리고 위성정당 창당에 앞장선 이들은 이구동성으로 병립형 비례대표제로의 회귀는 안 된다며 거듭 준연동형 비례대표제의 취지를 살리자고 주장했다. 하지만 제도의 취지를 살리자는 말은 제도를 그대로 지키지 않겠다는 말을 에둘러 한 것이다. 준연동형 비례대표제를 지키는 방법은 위성정당을 창당하지 않는 방법밖에 없다. 위성정당을 만들면서 제도의 취지를 살리자는 말은 위성정당으로 얻은 전리품을 다른 소수정당에도 조금 나눠주겠다는 말을 그럴듯하게 포장한 것에 불과했다.

다당제 정치개혁과 비례대표제 확대가 신조라고 강조하는 정치세력들이 있었다. 하지만 이들 중 일부는 실제로 자신들의 정치적 이익을 위해 위성정당이라는 편법과 꼼수를 동원하는 일에 주저함이 없었다. 앞서 언급한 기본소득당 용혜인 의원의 발언이 말해주는 것처럼 이들은 자신들이 위성정당 창당에 앞장서며 총선 승리를 가져왔다고 믿고 있고, 이 점을 매우 자랑스럽게 여기기까지 한다.

위성정당이 출현한 지난 두 번의 총선을 거치면서 비례대표제 정치개혁은 최종적인 실패로 끝났다. 그러나 비례대표제 정치개혁의 좌초가 결과적으로 위성정당 체제를 허용했다고 볼 수도 있다. 즉, 비례대표제 정치개혁의 출발점부터 무언가 잘못된 점이 있었고 그 한계가 결국 이 같은 결말을 불러왔다는 것이다.

위성정당이라는 괴물을 낳은 정치개혁 태생의 한계

2019년 4월 29일 국회 사법개혁특별위원회는 고위공직자범죄수사처(이하 공수처) 설치 법안과 검경 수사권 조정 법안을 패스트트랙으로 지정하였고, 4월 30일 국회 정치개혁특별위원회는 선거제도 개혁 법안을 패스트트랙으로 지성하였다. 이는 자유한국당을 제외한 민주당, 민주평화당, 바른미래당, 정의당 등 여야 4당의 주도로 이루어졌다.

당시 더불어민주당은 공수처 설치 법안과 검경 수사권 조정 법안 통과에 사활을 걸고 있었고, 야당은 자신에게 유리한 선거제도 개혁 법안에 큰 이해관계가 걸려 있었다. 즉, 비례대표제 정치개혁의 입법화 과정은 처음부터 그 자체가 온전한 목표로 설정되지 않았다. 다른 정치적 목표와 주고받기식으로 연동된 태생적 한계가 있었다. 다시 말해, 더불어민주당 입장에서 비례대표제 정치개혁은 최우선의 과제가 아니었다.

패스트트랙으로 지정된 선거제도 개혁 법안의 핵심은 지역구 의석과 비례대표 의석의 비율을 3:1, 즉 지역구 225석(이전 253석), 비례대표 75석(이전 47석)으로 하고 준연동형 의석배분 방식에 기초한 권역별 비례대표제와 석패율제를 도입하는 것이었다. 하지만 2019년 12월 27일에 최종적으로 통과된 공직선거법 개정안에서는 준연동형 의석배분 방식만 남은 채 권역별 비례대표제와 석패율제가 사라졌고, 무엇보다 비례대표 의석이 원안보다 무려 28석이나 줄어 47석이 되었다. 아울러 제21대 총선에만 적용하는 특례 신설로 비례대표 47석 중 30석에 대해서만 준연동형 비례대표제가 적용되었고, 나머지 17석에는 병립형 비례대표제가 적용되었다.

결국 비례대표 의석은 제20대 국회의 47석에서 단 한 석도 늘어나지 않았다. 단지 비례대표 의석수의 계산 방식만 바뀐 것이다. 실제로는 연동형 비례대표제와 본질적으로 다르지만 준연동형 비례대표제라는 이름이 붙으면서 이전의 병립형 비례대표제에서 크게 한 걸음 나아간 듯한 오해 또는 착각마저 불러일으켰다. 하지만 이같이 제한적인 선거제도 개혁마저도 위성정당의 등장으로 물거품이 되었다.

  비례대표제 정치개혁이 소수 정치세력만의 간절한 목표가 아니라 더욱 폭넓은 사회적 공감대를 형성하여 정치개혁에 소극적일 수밖에 없는 거대 양당을 전방위로 압박할 수 있었다면, 정치개혁과 다른 정치적 이슈가 마치 주고받기식 정치적 흥정 대상이 되는 상황에서 벗어날 수 있었을지도 모른다. 그랬더라면 비례대표 의석수의 확대와 동시에 비례성을 강화하는 선거제도를 연착륙시킬 수도 있었을 것이다.

  이러한 태생적 한계를 지닌 정치개혁은 입법 과정에서도 계속 후퇴했다. 협상 당사자들은 이 과정에서 법의 허점을 파악하지 못했고, 나중에 허점을 발견했음에도 안일한 태도를 보였으며, 허점을 방지하겠다는 약속을 쉽게 믿기까지 했다. 위성정당은 이러한 틈을 타고 등장했다. 첫 등장을 막을 기회가 있었고, 재등장을 저지할 기회도 있었다. 하지만 이를 방지하려는 노력은 거대 양당과 일부 소수정당의 정치적 담합을 물리치지 못했고, 결국 두 번의 기회를 모두 놓치고 말았다.

6장 양당제와 민주대연합 노선의 오랜 공생

한국 정치에서 양당제는 오랫동안 그 영향력을 확대해 왔다. 양당제는 단순히 두 개의 거대정당이 정치 무대를 장악하고 있다는 사실을 넘어, 정치적 다양성을 축소하고 민주주의의 질적 수준을 떨어뜨리는 심각한 문제로 인식되고 있다. 최근의 위성정당 사태는 전례가 없는 새로운 형태의 이슈이긴 하나 그 배경에는 양당제의 강력한 영향력이 자리하고 있다. 위성정당의 출현은 이미 고착화된 양당제가 새로운 선거제도의 도입과 안착을 어떻게 방해하는가를 극명하게 보여주는 사례다.

양당제와 선거제도 사이의 밀접한 관계

양당제와 선거제도 사이의 관계를 논할 때 빠뜨릴 수 없는 것이 바로 뒤베르제의 법칙(Duverger's law)이다. 프랑스의 법학자, 사회학자, 정치학자이자 정치인이었던 모리스 뒤베르제(Maurice Duverger)가 정식화한 이 법칙은 간단히 말하면, 단순다수제 단일투표 시스템이 양당제를 선호한다는 것이다(Duverger 1954, 217). 뒤베르제는 선거제도가 양당제 형성에 끼치는 영향을 강조했다. 그는 아주 드문 예외를 제외하면 단순다수제와 양당제 사이에 거의 완전한 상관관계가 나타난다고 보았다.

표 10 한국 국회의원 선출 방식의 변천

대수	선거 연도	의원정수 전체	의원정수 세부	선출 방식
1	1948	200	지역구 200	소선거구제
2	1950	210	지역구 210	소선거구제
3	1954	203	지역구 203	소선거구제
4	1958	233	지역구 233	소선거구제
5	1960	233(민의원)	지역구 233	소선거구제
		58(참의원)	지역구 58	대선거구제(10개 선거구)
6	1963	175	지역구 131	소선거구제
			전국구 44	1당우선 비례대표제
7	1967	175	지역구 131	소선거구제
			전국구 44	비례대표제
8	1971	204	지역구 153	소선거구제
			전국구 51	비례대표제
9	1973	219	지역구 146	중선거구제(77개 선거구)
			유신정우회 73	통일주체국민회의
10	1978	231	지역구 154	중선거구제(77개 선거구)
			유신정우회 77	통일주체국민회의
11	1981	276	지역구 184	중선거구제(92개 선거구)
			전국구 92	1당우선 의석비례제
12	1985	276	지역구 184	중선거구제(92개 선거구)
			전국구 92	1당우선 의석비례제
13	1988	299	지역구 224	소선거구제
			전국구 75	1당우선 의석비례제
14	1992	299	지역구 237	소선거구제
			전국구 62	의석비례제
15	1996	299	지역구 253	소선거구제
			전국구 46	비례대표제

16	2000	273	지역구 227	소선거구제
			비례대표 46	비례대표제
17	2004	299	지역구 243	소선거구제
			비례대표 56	병립형 비례대표제
18	2008	299	지역구 245	소선거구제
			비례대표 54	병립형 비례대표제
19	2012	300	지역구 246	소선거구제
			비례대표 54	병립형 비례내표세
20	2016	300	지역구 253	소선거구제
			비례대표 47	병립형 비례대표제
21	2020	300	지역구 253	소선거구제
			비례대표 47	위성정당 허용 준연동형 비례대표제
22	2024	300	지역구 254	소선거구제
			비례대표 46	위성정당 허용 준연동형 비례대표제

한국도 예외가 아니다. 〈표 10〉에서 확인할 수 있듯이 한국은 제1대부터 제8대, 제13대부터 가장 최근인 제22대 국회의원선거에 이르기까지 소선거구제를 핵심으로 한 선거제도를 가졌다. 제9대부터 제12대까지의 국회의원선거에서는 중선거구제가 바탕이 되었지만, 한 선거구에서 2명의 당선자를 뽑는 이 제도는 소선거구제와 마찬가지로 양당제와 매우 친화적이었다. 뒤베르제가 언급한 대로 소선거구제 중심의 선거제도는 한국에서 양당제 정치질서가 형성된 주요 원인으로 작용했다.

양당제를 강화해 온 한국의 정치구조

1987년 한국의 민주화도 양당제에 커다란 균열을 가져오진 못했다. 민주화 이후 이뤄진 여러 제도 개혁 조치에도 불구하고 두 거대정당은 여전히 전체 의석수의 절대다수를 차지해 왔다. 〈그림 4〉는 지난 수십 년간 양당이 의석을 얼마나 계속 독점해 왔는가를 잘 보여준다. 제1당과 제2당의 의석 점유율 합계는 민주화 직후인 1988년 제13대 총선에서 65.2%였다. 거대 양당의 의석 점유율은 그 이후 계속 늘어났다. 2000년, 2004년, 2012년 선거에서는 90%를 넘겼다. 위성정당이 처음 등장한 2020년 제21대 총선에서는 94.3%로 최고점을 찍었다. 위성정당이 다시 등장한 2024년 제22대 총선에서도 똑같은 94.3%에 도달했다.

민주화가 한국 정치의 커다란 전환점이었음을 부정할 수는 없지만, 정당 체제의 측면에서는 변화보다는 연속성이 훨씬 강했다. 과거 권위주의 체제에서의 집권당과 야당(민주정의당과 신민당)은 민주화 이후 크고 작은 변화를 겪기는 했지만, 본질적으로는 이들의 연합체나 분파들이 한국의 정당정치를 계속 지배했다고 볼 수 있다(장훈 2003, 32). 의회에 진출하는 제3정당이 반복해 등장하기도 했으나 이는 개별 선거에서 일시적으

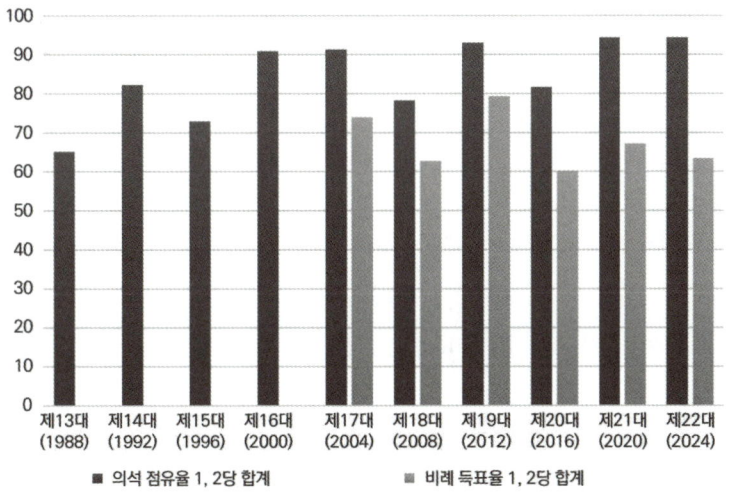

그림 4 민주화 이후 역대 총선에서 의석 점유율과 비례정당 득표율 제1, 2당 합계
출처: 신진욱(2024, 165), 단위: %

로 두각을 나타낸 것이었을 뿐이다. 제3정당의 짧은 생명력은 정당 체제의 변화를 일으키는 동력이 되지 못했다.

한국의 정당 체제가 실질적인 양당제라는 것은 〈그림 4〉에서 살펴본 거대 양당의 압도적인 의석 점유율뿐만 아니라 의회 운영 과정에서도 매우 잘 드러난다. 특히 의회 운영의 기본 원리가 된 교섭단체 제도는 양당이 의세설정과 의사결정을 좌우할 수 있는 제도적 바탕이 되었고, 교섭단체 요건을 갖추지 못한 정당을 철저하게 배제하는 구조를 형성해 왔다(박경미 2007; 2010). 참고로, 국회 교섭단체 구성의 하한선은 제6대부터 제8대까지의 국회에서만 10명이었고, 나머지 국회에서는 모두 20명이었다.

특히 정당 운영의 핵심 자원인 국고보조금의 배분 방식은 국회 교섭단체에만 유리하게 되어 있다. 전체 국고보조금의 50%를 교섭단체 정당이 우선 균등하게 나눠 갖고, 나머지 보조금은 국회 의석수와 정당 득표율 등에 따라 나눈다(부록 4의 정치자금법 제27조 참조). 이러한 국고보조금 배분 방식은 비교섭단체인 신생정당이나 소수정당을 구조적으로 차별하는 수단이 되어 왔다(조소영 2015).

〈그림 5〉는 지난 2001년부터 2020년까지 거대 양당이 국고보조금을 얼마나 독점적으로 사용해 왔는가를 보여준다. 이 기간에 지급된 국고보조금 전체에서 양당이 해마다 가져간 비율은 평균 80.5%였다. 2015년이 94.6%로 가장 높았고, 2017년이 58.8%로 가장 낮았다. 다만 2017년부터 2019년까지는 양당이 차지한 국고보조금 비율이 예외적으로 다소 낮았는데, 이는 국민의당, 바른미래당과 같은 제3정당의 존재 때문이었다.

결국 거대정당에만 유리하게 형성된 법과 제도의 구조가 민주화 이후에도 크게 바뀌지 않았기 때문에 양당제가 지속될 수 있었다. 또한 기득권을 지닌 양대 정당은 스스로에게 유리한 법과 제도의 구조를 유지하거나 강

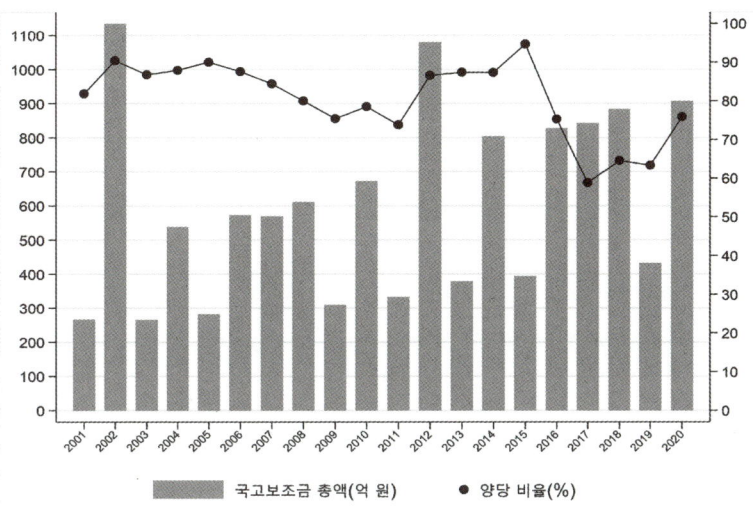

그림 5 국고보조금 총액 규모와 양당 차지 비율   출처: 최광은(2021, 158)

화하는 데에만 관심이 있었을 뿐이다. 한국에서 양당제가 형성되고 강화되어 온 과정, 양당이 기득권을 유지해 온 핵심 기제는 아래와 같이 요약할 수 있다.

박정희 정부가 헌법 개정 과정에서 도입한 정당국가화의 토대 위에 강력한 규제 중심의 정당법과 국회의원선거법으로 양당체계의 기틀이 마련되었으며, 전두환 정부의 국고보조금 제도가 더해지면서 기성 정당 중심의 안정적 정당운영이 가능해진 것이다. 제1공화국 시기 군소정당의 난립 속에 효율적 국회운영을 위해 도입된 교섭단체제도도 양대 정당의 권한을 강화하는 방향으로 변화해 왔다. 87년 민주화는 과거 집권여당이 독점해 왔던 특혜를 야당과 공유하는 계기가 되었는데, 특히 3당 합당으로 양당제로의 정계개편이 이뤄진 이후 영호남에 지역적 기반을 둔 두 거대정당은 국회 교섭단체의 지위를 이용해 의회 운영의 실권을 장악함으로써 각종 정치개혁 과정에서도 신생정당 및 군소정당의 도전을 막아내며 기득권을 유지할 수 있었다. (허유정·윤광일 2021, 65)

한국 정당정치의 발전과 민주주의의 심화를 위해서는 양대 정당의 독과점을 허용하는 다양한 법과 제도를 하나하나 개혁하는 것이 필요하다. 선거제도 개혁은 당연히 그 핵심에 있다. 준연동형 비례대표제의 도입은 그 분명한 한계에도 불구하고 양당제의 틈바구니에서 소수정당의 목소리를 조금이라도 더 반영하면서 선거의 불비례성을 완화하고 정치적 대표성을 강화할 수 있는 기회였다. 하지만 양대 정당은 결국 자신들의 기득권을 유지하기 위해 이러한 약간의 양보마저도 허용하지 않는 길을 선택했다.

위성정당 창당, 한 치의 양보도 없다는 거대 양당의 무력행사

갖가지 편법과 꼼수가 동원된 위성정당의 창당은 준연동형 비례대표제의 안착을 막기 위한 양당 세력의 무력행사나 마찬가지였다. 나름대로 진보를 표방했던 소수정당들, 시민사회단체 일부마저 약간의 떡고물을 챙길 수 있다는 계산으로 이에 부화뇌동했다. 이들은 그간 말로는 비례성을 확대하고 다당제를 지향하는 정치개혁을 외쳤다. 하지만 이를 정면으로 거스르는 위성정당 창당에 앞장서며 이율배반에 빠졌다. 정치개혁은 한낱 공허한 구호로만 남았다.

제21대 총선을 앞두고 미래통합당(현 국민의힘)은 준연동형 비례대표제 도입 자체를 반대했다. 그들의 주장대로라면, 이 제도는 정치적 안정성을 해치고 극단적 좌파 정치세력의 의회 진출을 돕는 수단에 불과했다. 2020년 2월 5일 미래한국당 중앙당 창당대회에 참석한 자유한국당 황교안 당대표는 "미래한국당 창당은 무너지는 나라를 살리기 위한 자유민주세력의 고육지책"이자 "헌정을 유린한 불법 선거법 개악에 대한 정당한 응전"이라고 주장했다.[41]

2024년 2월 23일 국민의미래 중앙당 창당대회에 참석한 국민의힘 한동훈 비상대책위원장은 "종북 위헌 통진당(통합진보당) 세력들, 조국(전 법무부장관) 같은 부패 세력들, 이 나라의 뒤에서 마치 자기들이 원로원인 양 좌파 정당을 좌지우지했던 소위 그런 원로 세력들"이 더불어민주당과 야합하여 위성정당을 창당하고 비례대표 의석을 모두 가져가려고 한다면서 이를 막기 위해 국민의미래가 앞장서야 한다고 말했다.[42]

국민의힘 세력은 준연동형 비례대표제를 도입하는 공직선거법 개정안이 통과되자 이를 무력화하는 위성정당을 만들겠다고 공언했고 이를 실행에 옮겼다. 제21대 총선에 이어 제22대 총선에서도 똑같은 전략으로 응수했다. 하지만 이런 방식의 대응은 법치주의와 양립할 수 없다. 법치주의는 어떤 수단을 동원해서라도 자신들이 동의하지 않는 법을 무시하거나 어겨야 한다는 말과 같은 것일 수 없다.

더불어민주당의 경우, 형식적으로는 국민의힘과 같은 무게로 비판받을 수 있겠지만, 윤리적 측면에서는 오히려 더 큰 비판을 받을 수밖에 없다. 그들은 처음에는 미래통합당의 위성정당 창당을 비난했다. 하지만 얼마 뒤 이런 입장을 뒤엎으며 똑같은 행태를 보였다. 그리고서는 이에 대해 사과했다. 재발 방지를 약속했으나 제22대 총선을 앞두고 그 약속을 또 뒤집

---

41) '닻 올린' 미래한국당 "총선 승리해 선거법 돌려놓자", 뉴스1, 2020.02.05.
42) 국민의힘 비례 위성정당 '국민의미래' 출범…한동훈 "선거운동 함께 하겠다", 경향신문, 2024.02.23.

고 위성정당을 다시 창당했다. 이는 정치적 일관성의 부재를 넘어 국민을 기만하는 행위나 다름없었다.

양당제가 가져다준 폐해 가운데 하나는 양당이 눈앞의 정치적 이해득실에 따라 견해를 바꾸는 행위를 합리화하면서 항상 상대편을 핑계로 삼는다는 점이다. 국민의힘은 더불어민주당과 함께하려는 세력에 종북세력의 낙인을 찍으며 이들의 의회 진출을 저지하기 위해 위성정당 창당이 필요하다고 강조했다. 더불어민주당은 국민의힘이 더 많은 의석을 차지하는 일을 그저 두고 볼 수만은 없지 않냐며 위성정당 창당의 불가피성을 역설했다. 조금이라도 유리한 고지를 점하기 위한 거대 양당의 이익 다툼 속에서 합의, 정책, 원칙은 실종되었다.

오래된 습관, 민주대연합 노선

양당제의 폐해와 밀접하게 연관된 것이 이른바 '민주대연합' 노선이다. 즉, 민주당 계열 정당에 대한 '비판적 지지'를 호소한 노선이다. 민주대연합 노선은 표면적으로는 민주화 세력의 단일화를 통해 수구보수 세력에 대항하자는 그럴듯한 전략으로 보이지만, 실질적으로는 양당제를 더욱 공고히 하는 결과를 낳았다. 이 노선은 시대와 상황에 따라 그 형태를 조금씩 달리해 왔지만, 본질적으로는 양당제의 틀에서 벗어나지 못하는 한계를 보였다. 민주화운동의 산증인이자 이른바 재야 세력의 핵심 인물로 평가받던 김근태 전국민족민주운동연합 집행위원장은 1992년에 민주대연합을 다음과 같이 설명했다.

우리는 승리할 수 있는 민주대연합 후보를 세워내고자 한다. 민주대연합 내부에서 민주당 후보가 현재로선 유일하고 압도적인 우세를 보이고 있는 것이 사실이다. 그러나 민주당 후보에 대한 단순한 지지만으로는 민자당 후보를 현격하게 앞서나갈 수 없다. 민주연합 내에서의 단결은 보다 고차적이어야 한다. 그 구체적인 방법은 민주대연합 내에서 "민주주의·통일과 사회 개혁 실현을 위한 국민협약"을 체결함으로써 단결의 수준을 높여야 한다는 것이다. 이러한 단결에 이르는 길은 국민회의에서의 상호 정치협상을 통해 '국민협약'을 체결하고, 이를 대중 앞에서 공표하는 길과 재야의 후보를 세워내 대중적 공간에서 선의의 경쟁을 벌이고, 그로써 대중의 관심과 지지를 크게 유발하고 그런 연후 객관적인 여론조사 등을 통해 한쪽이 다른 한쪽을 지지하고 협약을 공표하면서 후보를 사퇴하는 길, 두 가지가 있다. (김근태 1992, 157)

민주대연합을 거창한 수사로 포장하고 있지만 사실 본질은 민주당 중심의 연합이다. 민주당의 하위 파트너가 되라는 말이다. 민주당과 후보 없는 협약을 맺거나 후보 전술을 통해 민주당과 단일화하거나 하는 형식적인 차이가 있을 뿐이다. 한편 민주대연합을 앞장서서 제기한 김근태는 1995년 초 자신을 따르던 재야인사들과 함께 민주당에 입당하여 제도권 정치인으로 변신했다. 민주대연합론과 민주당 입당 사이에 큰 정치적 장벽은 존재하지 않았다.

민주대연합 노선은 지난 2000년 민주노동당이 창당하면서 사실 주춤하는 듯했다. 하지만 그 영향력이 완전히 사라진 것은 아니었다. 민주노동당과 그 명맥을 이은 정당들은 선거 때마다 민주당 계열 후보들과의 단일화 문제로 몸살을 앓았다. 민주당 후보와 단일화에 나설 때에는 민주당 이중대라는 소리를 듣기도 했다. 민주당 후보와 단일화를 하지 않고 선거에서 독자 완주를 할 때는 보수정당의 이중대라는 소리를 듣기도 했다.

2020년 제21대 총선에서도 민주대연합 노선은 살아 있었다. 당시 민주대연합은 정치개혁연합을 플랫폼으로 한 위성정당 창당의 밑그림에 따라 구체적으로 추진되었다. 하승수 정치개혁연합 집행위원장이 주도적인 역할을 한 녹색당은 2020년 3월 16일 당원 총투표를 통해 위성정당 참여를 결정했다. 민중당은 다음 날인 3월 17일 이상규 상임대표가 기자회견을 통해 위성정당 참여 입장을 공식화했다. 기존 중앙위원회 회의에서 획정한 총선방침을 바꿔야 하는 부담이 있었으나 민주대연합이라는 대의가 모든 것에 앞섰다. 그는 "16만 명이 참여한 민중공천제를 막 끝낸 뒤라 고심이 없는 것이 아니지만 민중당의 기존 총선방침을 수정해야 할 긴급한 상황이 발생했다"며 "미래통합당의 위장정당 꼼수로 적폐세력이 되살아나는 것을 막아야"한다고 밝혔다.[43]

민주당 중심의 연합이라는 민주대연합의 본질

 하지만 민중당, 녹색당 등과의 연합은 실익이 없다고 판단한 더불어민주당 탓에 정치개혁연합을 중심으로 한 민주대연합 구상은 실패로 돌아갔다. 이상규 대표는 3월 19일 다시 기자회견을 열어 민중당의 존재를 두려워하는 세력과 억지로 함께할 수는 없다며 위성정당 참여 논의를 중단한다고 선언했다. 녹색당도 3월 18일 위성정당 참여 논의를 중단한다고 밝혔다. 결과적으로 기본소득당을 비롯한 일부 정치세력만 참여하는 위성정당이 출현했다. 민주'대'연합이 아닌 민주'소'연합이었다.
 사실 정치개혁연합 중심의 연합 논의가 급물살을 타기 전 시민사회 진영의

---

43) 민중당 "비례위성정당 참여하겠다", 레디앙, 2020.03.17.

전반적인 기류는 위성정당에 대해 비판적이었다. 현재 한국진보연대 소속 단체와 구성원들이 다수였던 당시의 민중공동행동이라는 단체는 2020년 3월 6일 기자회견을 개최했다. 과거의 분류법에 따르면 소위 민족해방파(NL)라고 할 수 있는 이들은 기자회견문에서 위성정당을 위헌정당이라고 분명히 명토 박았다. 미래통합당이 만든 미래한국당을 신랄하게 비판했을 뿐 아니라 더불어민주당의 위성정당 창당에 대해서도 "거대 양당이 기득권 유지하려는 꼼수에 불과한 것이고, 그간의 노력을 물거품으로 만드는 최악의 결과로 귀결될 것임을 분명히 경고한다"고 말했다.[44] 민중당 이은혜 대변인도 2020년 2월 28일 더불어민주당의 '비례민주당' 창당 움직임은 "자해행위", "반동행위", "배신행위"라며 강도 높은 비판 논평을 냈다.[45]

물론 위성정당 참여에 대해 처음부터 적극적이었던 흐름도 있었다. 예를 들어, 검찰개혁 시국선언 교수·연구자 모임은 2020년 3월 6일 '개혁민주세력의 4.15 총선 승리를 염원하는 교수연구자 선언'을 발표하면서 "개혁민주 제 정당의 비례후보를 하나의 그릇에 담아 극우 세력의 꼼수에 대항하는 정치적 시스템"을 만들자고 제안했다.[46] 이들은 더불어민주당이 주도하는 위성정당을 바람직한 정치적 시스템으로 격상시켰다.

처음 경험하는 위성정당 사태를 맞이하며 시민사회 진영 내에서는 위성정당에 대한 비판적 의견이 비교적 강했고, 민족해방파도 예외가 아니었다. 하지만 극우 세력에 맞서는 모든 정치적 노력을 정당화하는 민주대연합의

---

44) 비례 위성정당은 꼼수…꼼수로 막겠다는 건 잘못, 통일뉴스, 2020.03.06.
45) [이은혜 대변인 논평] 비례민주당 창당? 자해행위·반동행위·배신행위 중단하라!, 민중당, 2020.02.28.
46) 부산 민주교수연구자 연대, "모든 개혁진보정당은 진보비례연합에 연대하라", 폴리뉴스, 2020.03.06.

기본 논리는 위성정당에 대한 비판의 목소리 정도는 거뜬히 압도할 수 있었다. 하지만 더불어민주당이 사실상 거부를 선언하면서 제21대 총선에서 추진되었던 민주대연합 구상은 실패했다. 이는 민주대연합의 본질이 민주당 중심의 연합이라는 사실을 잘 보여준 사건이었다. 민주당이 주도하지 않는, 민주당에 득이 되지 않는 민주대연합은 없다는 사실을 다시 한번 각인시켰기 때문이다.

돌아온 위성정당과 함께한 민주대연합의 실현

2024년 제22대 총선에서는 상황이 많이 달라졌다. 윤석열 정권 심판이라는 명분으로 위성정당 창당을 앞장서 정당화하는 세력의 목소리가 컸다. 준비가 부족했던 지난 총선의 경험이 있었기에 이들은 좀 더 질서정연하게 움직였다. 웅크리고 있던 민주대연합 노선이 위성정당 창당이 다시 한번 가시화되자 더 큰 기지개를 켰다. 한국진보연대를 포함한 진보당(구 민중당) 계열의 정치세력은 민주대연합론을 앞세우고 더불어민주당의 위성정당에 참여함으로써 실리를 얻는 전략을 선택했다.

진보당 윤희숙 상임대표는 "윤석열 정권 심판이라는 국민의 열망을 온전히 실현하기 위해 더불어민주당, 새진보연합과 비례연합정당을 창당하고 전국적 1:1 구도를 만들었"다면서 위성정당인 더불어민주연합에 투표해 달라고 호소했다.[47] 진보당이 지난 총선에서도 위성정당 참여 의사를 밝혔으나 더불어민주당에 의해 거부당했던 일은 중요하지 않았다. 당원

---

47) [윤희숙 상임대표 대국민 호소문] "정권 심판을 위해 진보당과 더불어민주연합에 투표해 주십시오", 진보당, 2024.04.05.

총투표로 선출된 비례대표 1번 후보를 색깔론 공격을 의식한 더불어민주당의 요구로 순식간에 교체한 것은 별문제가 아니었다. 윤석열 정권 심판이라는 명분 앞에 연합을 저해하는 다른 모든 요소는 부차적일 뿐이었다.

한국의 진보 및 시민사회 진영이 민주대연합론의 그늘에서 벗어나지 못해 온 현실은 한국 정치의 구조적 문제, 즉 양당제의 강력한 영향력을 여실히 보여준다. 그간 민주대연합의 대상이 되어 온 민주당 계열 정당은 더 보수적인 정당의 존재로 인해 항상 면죄부를 받으며 연합의 주된 축으로 자리매김해 왔다. 양당제의 틀에서 벗어난 독립적인 제3의 정치세력 또는 진정한 의미의 진보세력이 부재하거나 미약한 현실은 양당제가 지속되는 원인이자 그 결과라 할 수 있다.

양당과 차별화되는 정치세력이 꾸준히 정치활동을 전개하며 독자적인 영역을 구축하는 것이 양당제를 타파할 수 있는 가장 확실한 방안이다. 그러나 기존의 양당제 구조는 자신의 힘을 유지하고 강화하면서 제3세력의 등장을 쉽사리 허용하지 않는 양당 패권과 독점 체제를 형성해 왔다. 이러한 제약을 극복해야 할 정치세력들은 그 틀에서 좀처럼 벗어나지 못했고, 민주대연합론은 선거 때마다 양당제의 굴레에서 벗어나려는 세력의 발목을 잡는 논리로 작용해 왔다.

양당제가 지배해 온 한국의 민주주의를 '양당 패권 민주주의' 또는 '양당 독점 민주주의'라 불러도 무방할 것이다. 양당과의 차별화를 꾀해 온 여러 정치세력도 이러한 낡은 민주주의와 과감히 결별하며 홀로 서지 못하고, 반짝 등장했다 사라지거나 양당으로 흡수되는 일을 반복했다. 물론 이 모든 책임을 제3의 정치세력에 돌릴 수만은 없다. 정치개혁을 방해해 온 양당의 책임은 물론, 정치적 다양성의 부재, 정책 경쟁의 실종, 장기적 비전보다는 단기적 이해관계에 치중하는 한국 정치문화의 한계, 지지자 및 유권자의 인식과 태도에 이르기까지 거의 모든 문제가 이와 맞물려 있다.

　양당제와 민주대연합 노선의 오랜 공생 관계는 한국 정치의 질적 발전을 저해하는 주요 요인으로 작용해 왔다. 이를 극복하기 위해서는 당연히 선거 및 정치제도 전반의 개혁뿐만 아니라, 민주적 규범의 확립, 정치문화와 시민의식의 변화가 필요하다. 다양한 정치적 견해가 공존하고 경쟁할 수 있는 환경을 조성하고, 정책과 비전 중심의 정치를 구현하는 것이 중요하다. 시민들 역시 끝없는 양당 대결 구도에 매몰되지 않고, 최악과 차악의 이분법을 넘어 보다 비판적이고 주체적인 정치 참여에 나설 수 있어야 한다.

7장 위성정당에 앞장선 위성진보

비례대표제 정치개혁의 태생적 한계와 그 실패, 양당제와 민주대연합 노선의 공존이 위성정당 체제 출현의 구조적인 배경에 가깝다면, 위성정당에 앞장선 '위성진보'는 위성정당 체제의 등장에 결정적인 역할을 한 행위 주체이다. 여기서 위성진보라 함은 위성정당 체제의 핵심 파트너가 된 넓은 의미의 기존 진보 정치세력을 일컫는다. 구체적으로는 양대 정당의 한 축인 더불어민주당의 위성을 자처한 세력이다. 보수정당의 위성 역할을 하고 있으나 진보라는 이름을 버리지 않고 있다는 의미에서 위성진보를 '위장진보'라 불러도 무방할 것이다.

위성진보로 분류할 수 있는 넓은 의미의 정치세력은 기본소득당과 진보당, 그리고 이들과 정치적으로 긴밀한 관계를 맺고 있는 노동조합과 시민사회단체 등을 포괄한다. 위성진보의 구체적인 범위와 이들이 수행한 역할은 제21대 총선과 제22대 총선에서 각기 조금씩 다르게 나타났다. 이들이 지난 두 차례의 총선에서 보여준 행보는 이 책의 2장과 3장에서 상당 부분을 구체적으로 다루고 있다. 이 장에서는 그 밖의 이야기를 담고자 한다. 먼저 제21대 총선을 앞두고 위성진보 대열에 합류하기로 내부 결정을 내렸으나, 외부 요인으로 인해 합류가 좌절된 녹색당 이야기부터 시작해보자.

위성정당 참여를 결정했으나 문턱에서 멈추게 된 녹색당

　2020년 2월 더불어민주당과 가깝거나 범진보 성향의 각계 인사들로 구성된 정치개혁연합은 더불어민주당, 정의당, 녹색당, 민중당, 미래당 등이 함께하는 위성정당의 창당을 시도했다. 이 연합의 흐름에 적극적이었던 녹색당은 2020년 3월 13일부터 15일까지 위성정당 참여 여부를 결정하기 위한 전 당원 투표를 진행했다. 투표 결과는 투표율 51.33%에 찬성 74.06%, 반대 25.94%였다. 과반 투표에 찬성 비율이 2/3를 넘긴 녹색당은 이로써 위성정당 참여를 공식화했다.

　녹색당 선거대책본부는 3월 16일 '21대 총선 선거연합정당 참여 총투표 결과에 대한 선대본 입장문'을 발표하면서 "21대 총선 선거연합을 녹색당의 가치와 정책을 드러내는 가치연합으로 만들겠다"고 주장했다. 또한 제21대 국회를 '기후 국회'로 만들기 위한 정책 합의를 이루고 온전한 다당제가 자리 잡을 수 있도록 연동형 비례대표제 완수를 이끌겠다고 밝혔다. 녹색당과 기후를 기본소득당과 기본소득으로 바꾸면 제21대와 제22대 총선에서 기본소득당이 위성정당 참여를 합리화했던 입장과 완전히 똑같은 것이었다.

　하지만 더불어민주당은 녹색당을 포함한 정치개혁연합의 손을 들어주지 않았다. 더불어민주당이 또 다른 경쟁 위성정당 플랫폼이자 '친민주당' 성향이 더욱 강한 '시민을위하여' 등과의 연합을 선언했기 때문이었다. 이에 녹색당은 3월 18일 "더불어민주당이 협상을 주도하는 선거연합정당 참여는 여기서 중단한다"고 선언했다.[48] 결국 정치개혁연합도 3월 24일 해

---

48) 녹색당 "민주당이 주도하는 선거연합정당 참여 중단", 경향신문, 2020.03.18.

산 절차에 돌입한다고 밝혔다. 제21대 총선에서 녹색당은 자신의 의지와 상관없이 위성정당으로 가는 길의 문턱에서 멈출 수밖에 없었다.

당시 기성정치와 일정한 거리를 두고 독립적인 제3지대를 지향하며 자신의 가치를 중심으로 활동해 왔던 녹색당의 변신을 놀랍게 바라본 사람들이 많았다. 한편 녹색당은 제22대 총선에서는 이 같은 행보를 반복하지 않았다. 대신 정의당과 함께 녹색정의당이라는 선거연합정당을 만들어 총선에 참여했다.

진보당 때문에 기본소득당까지 복권하려 한 민주노총

제22대 총선에 나타난 위성진보의 주축은 기본소득당에 이어 진보당과 이들의 영향력이 큰 대중조직이었다. 특히 민주노총은 위성정당 참여를 선언한 진보당을 옹호하려다 보니 의도치 않게 진보 또는 노동자 정치세력 명단에서 삭제했던 기본소득당을 사실상 복권하는 입장을 취했다. 기본소득당이 지난 제21대 총선에서 위성정당에 참여했다는 이유로 민주노총 등은 이들에게 진보 또는 노동자 정치세력이라는 타이틀을 더 이상 붙여주지 않았던 터였다. 그 이후 진보정당으로 분류된 정당은 노동당, 녹색당, 정의당, 진보당 4개뿐이었다.

그런데 제22대 총선을 앞두고 진보당이 위성정당에 참여하는 상황이 벌어졌다. 과거의 기준에 따르면, 진보당은 진보정당의 자격이 없었고 이들 후보는 민주노총이 지지할 수 있는 후보가 될 수 없었다. 하지만 진보당의 영향력이 큰 민주노총 주류 세력이 이를 가만히 지켜보고 있을 리 없었다. 민주노총은 진보당을 엄호하는 일에 나섰다. 그 과정에서 과거에 자신들이 비판했던 기본소득당의 정치적 행보를 옹호하는 촌극이 벌어진 것이다.

민주노총은 2023년 9월 14일에 열린 제77차 임시대의원대회에서 정치방침과 총선방침을 수립했다. 총선방침 세 번째 항목에는 "친자본 보수양당체제 타파를 위한 정치제도 개혁 투쟁"이라는 내용이 들어가 있었고, 네 번째 항목에는 "친자본 보수양당 지지를 위한 조직적 결정은 물론이고 전·현직 간부의 지위를 이용하여 친자본 보수양당을 지지하는 행위를 금지한다"는 것을 명시했다. 진보당이 더불어민주당의 위성정당에 참여하는 것이 친자본 보수양당체제 타파를 위한 정치제도 개혁과 양립할 수 있는 것인지, 그리고 이를 친자본 보수양당 지지와 분명히 구별할 수 있는 것인지 판단하는 것은 그리 어려운 일이 아니다.

진보당의 위성정당 참여 행위를 적극 변호한 전지윤 시민언론 민들레 편집위원도 그 행위가 민주노총 총선방침과 어긋난다는 사실을 분명히 인정한다. 진보당의 발목을 잡게 된 그런 방침 자체가 "상황의 변화에 따른 유연한 해석과 전술적 적용이 어려운 내용"이므로 문제였다고 지적하는 과정에서 이를 인정한 것이지만 말이다(전지윤 2024, 10). 그럼에도 민주노총 지도부의 생각은 완고했다. 진보당의 위성정당 참여는 정치제도 개혁과 양립할 수 있는 일이고, 보수 양당에 대한 지지와도 무관하다는 결론을 이미 갖고 있었다.

민주노총 차원에서 공식적인 결론을 내는 일은 쉽지 않았다. 민주노총은 2024년 2월 15일 중앙집행위원회를 열어 제22대 총선 지지 후보를 논의했으나 합의에 도달하지 못했다. 3월 4일 임시 중앙집행위원회를 열어 이 문제를 계속 논의할 계획이었으나 이마저도 무산되었다. 위성정당 참여를 결정한 진보당의 총선 후보를 민주노총이 지지할 수 있느냐가 핵심 쟁점이었다. 진보당에 우호적인 중앙집행위원들은 이 위성정당이 비례연합정당이라며 총선 시기의 일시적인 연합 전술에 불과하다고 주장했다.

또한 현재 민주노총 후보 또는 민주노총 지지 후보 대다수가 진보당 소속인데, 이 후보들에 대해 지지를 철회하면 민주노총이 총선 시기에 아무 역할도 하지 못하게 된다는 현실적 우려도 제기했다. 그러나 지도부와 다른 의견도 만만치 않았다.

한시적인 연합이니 위성정당 참여 문제없다고?

한 언론보도에 따르면, 진보당 관계자는 이 문제에 관해 "민주노총에서 금지하거나 경계했던 것과 현재 연합정치는 (지난 총선에서 비례연합정당에 참여했다가 복귀한) 기본소득당처럼 되돌아오는 것이기 때문에 다른 것으로 해석해야 한다"는 논리를 폈다.[49] 즉, 위성정당 참여가 민주노총 총선방침에 어긋나지 않는다는 주장이었다. 이 관계자는 또한 "민주노총이 방향성을 고민하고 모색하면서 지지할 정당이 없다는 결정을 내리게 되면, 총선 시기에 민주노총이 사라지게 될 수 있다"고 우려했다. 민주노총 지지 후보 대다수가 진보당 후보라는 현실을 직시해야 한다는 논리였다.

민주노총 공공운수노조는 2024년 2월 16일 이 문제와 관련한 성명을 발표했다. 민주노총이 위성정당에 참여하는 정당을 지지하는 행위를 철회해야 한다고 주장한 것이다. 이 성명서는 또한 지난 제21대 총선을 앞두고 민주노총이 "더불어민주당이 주도하는 비례연합 위성정당에 참여하는 정당에 대한 지지를 철회"하고 "민주노총 후보가 민주노총 지지 정당이 아닌 다른 정당과 후보단일화를 추진할 경우 민주노총 후보 자격을 상실한다"는 총선방침을 정한 바 있다는 사실을 상기시켰다.

---

49) 진보당 선거연합 참여, 민주노총 방침과 충돌 논란, 매일노동뉴스, 2024.02.16.

민주노총은 중앙집행위원회에서 총선 지지 후보 결정이 연이어 무산되자 3월 18일에는 일산 킨텍스에서 제80차 임시대회원대회를 열어 진보정당 지지와 관련한 총선방침안 등을 논의할 계획이었다. 대의원대회를 시작하면서 민주노총의 주류 세력을 대표하는 의견그룹인 민주노동자전국회의 측은 양태조 민주노총 대의원을 통해 더불어민주당 위성정당 참여를 이유로 진보당에 대한 민주노총의 지지를 철회하자는 주장에 반대하는 '총선방침 수정안'을 제출했다.

<상정되지 못한 민주노총 총선방침 수정안 내용>

○수정안(보완방안)
민주노총은 윤석열 정권 심판과 진보정당의 도약을 위해 22대 총선에서 녹색정의당, 진보당, 노동당을 지지한다.
총선 이후 평가를 통해 노동자정치세력화의 전망과 계획을 구체화한다.

○수정안 발의 이유
1. 민주노총과 진보정당은 노동자정치세력화와 진보정당의 단결을 실현하기 위해 노력했으나 현실화되지 않은 채 22대 총선을 치러야 한다.
2. 민주노총은 진보정치세력의 도약을 실현하기 위한 진보정당의 다양한 노력을 인정하고 진보정당의 지지를 확대하기 위해 노력해야 한다.
3. 진보정치세력이 운동적 원칙을 견지한 채 다른 정치세력과 한시적, 제한적으로 연대연합하는 것을 이유로 민주노총이 지지정당에서 제외하는 것은 적절하지 않다.
4. 민주노총은 신뢰에 기초하여 진보정당의 자주적인 정치적 판단을 존중하고 22대 총선에서 진보정당이 도약할 수 있도록 적극적으로 지지, 지원해야 한다.
5. 윤석열 정권 심판을 위해 진보정당이 시민사회 진영 및 보수정당과 22대 총선에서 야권연대(비례선거연합, 후보단일화)를 추진한 것에 대해 다양한 평가가 있으며 이에 대해서는 총선 이후 조직적 평가를 진행하여 향후 정치 방침, 선거방침을 구체화하는 것이 필요하다.

총선방침 수정안 발의 이유 가운데 가장 핵심은 "진보정치세력이 운동적 원칙을 견지한 채 다른 정치세력과 한시적, 제한적으로 연대연합하는 것을 이유로 민주노총이 지지정당에서 제외하는 것은 적절하지 않다"고 주장하는 3번 항목이다. '운동적 원칙'이란 말은 참 이해하기 쉽지 않은 말인데, 일단 이 문제는 넘어가자. 결론은 그것이 위성정당이라 할지라도 한시적이고 제한적인 연대연합에 불과하므로 아무런 문제가 없다는 것이다.

진보당과 그 노선을 따르는 이들은 스스로 원칙을 잘 견지하고 있으니 어떤 정치적인 행위를 해도 면죄부를 줄 수 있다는 주장이나 다름없는 셈이다. 이런 주장에 동조하는 이들이 현재 민주노총 활동가의 주류 세력을 형성하고 있다. 하지만 민주노총 대의원대회의 총선방침 수정안 상정 부결이라는 결과는 적어도 대의원들 상당수가 이들의 주장에 동조하고 있지 않다는 것을 보여주었다.

1,003명의 민주노총 대의원 가운데 과반이 되지 않는 482명의 대의원만이 수정안의 안건 상정에 찬성해 수정안 상정 자체가 불발되었다. 그리고 결국에는 정족수 부족으로 대의원대회는 유회를 선포하고 산회할 수밖에 없었다. 민주노총 차원의 공식적인 지지 후보 결정에는 실패했지만, 이들 세력은 민주노총 산하 연맹조직에서 적극적으로 자신의 주장을 관철해 나갔다.

대표적으로, 전국서비스산업노동조합연맹(이하 서비스연맹) 강규혁 위원장은 제22대 총선을 며칠 앞두고 호소문을 발표했다. 30여 명이 넘는 서비스연맹 조합원이 진보당 후보로 총선에 나섰고, 진보당은 더불어민주당 등과 힘을 모아 더불어민주연합이라는 비례연합정당을 만들었으니 진보당 후보와 함께 더불어민주연합을 적극 지지해 달라는 것이었다. 서비스연맹 조합원인 정혜경 후보가 더불어민주연합의 당선권에 순번을 배정

받았다는 점도 강조했다.

위성정당 참여에 이어 겹치기 단일화까지

2024년 2월 2일 민주노총과 진보4당(노동당·녹색당·정의당·진보당)은 울산 동구의 '진보단일후보'로 노동당의 이장우 후보를 선출한 바 있다. 그런데 3월 12일에 민주당과 진보당 소속의 울산 출마 후보 6명이 울산시의회 프레스센터에서 기자회견을 열어 '울산 전 지역구 단일화'를 선언하고 상호 연대와 지지를 천명했다. 진보당은 울산 동구에서 다른 진보계열 정당들과 '진보단일후보'를 선출한 지 한 달여 만에 같은 지역구에 출마한 더불어민주당 후보를 '단일후보'로 지지한다고 선언하는 일을 벌였다.

위성정당 참여와 별개로 제22대 총선에서 진보당 출마 후보자 87명 가운데 무려 64명은 더불어민주당과 선거연합을 하면서 더불어민주당 지지를 선언하고 사퇴했다. 이들은 더불어민주당에 대한 지지를 개혁세력과 진보세력의 연합으로 포장하고 총선 승리 또한 자축했다. 지역구 선거에서 6천 표 미만으로 승부가 갈린 곳이 16곳이었는데, 진보당이 더불어민주당과 단일화를 하지 않았다면 이 가운데 상당수 지역구에서 국민의힘 후보가 당선되었을 것이라는 주장이 제기되었다.[50] 더불어민주당과 후보 단일화를 한 덕택에 야권 전체의 선거 승리가 가능했다는 점이 강조된 것이다.

제22대 총선에서 더불어민주당에 사실상 지역구 1석을 양보받고 더불어민주당의 위성정당을 통해 2명의 국회의원을 배출한 진보당은 스스로

---

50) 원희복, [기고] 진보당 22대 총선전략과 야권의 승리, 진보당 기관지 너머, 2024.05.08.

를 "원내 유일한 진보정당"으로 자리매김했다.[51] 진보당의 눈에는 더불어민주당 위성정당을 통해 함께 국회의원을 배출한 기본소득당과 사회민주당이 진보정당으로 보이지 않는 것이다. 더불어민주당의 하위 파트너 역할을 하며 위성정당을 통해 의석을 챙긴 것은 똑같지만 자신들은 그들과 다른 진보정당이라고 주장하는 것이다. 하지만 이들은 모두 위성정당에 앞장선 위성진보라는 공통점이 있다.

더불어민주당에 고개를 조아린 일부 시민사회 진영과 진보당

더불어민주연합에 이른바 시민사회의 이름으로 참여한 '연합정치시민회의'는 2024년 3월 10일 국민후보 공개 오디션을 개최해 심사위원단(50%), 국민심사단(30%), 온라인 문자투표(20%)를 합산하고 여성 상위 2명(전지예 금융정의연대 운영위원, 정영이 전 전국여성농민회총연합 사무총장)과 남성 상위 2명(김윤 서울대 의대 교수, 임태훈 전 군인권센터 소장)을 위성정당의 비례대표 후보자명부에 올릴 최종 국민후보로 선출했다. 하지만 전지예 후보와 정영이 후보는 국가보안법 위반 전력, 반미시위 참여 등의 이유로 국민의힘 측으로부터 색깔론 공격을 받았다.

논란이 일자 더불어민주당 지도부는 이들의 후보자 자격에 대한 재고를 요청했고, 이 두 후보는 결국 자진 사퇴하고 말았다. 두 사람은 색깔론 공격의 부당함을 토로하긴 했으나 더불어민주당에 더 이상 부담을 주지 않으면서 위성정당의 순항을 바라는 정치적 선택을 했다. 전지예 후보는 입장문을 통해 "낡은 색깔론을 꺼내 들어 청년의 도전을 왜곡하는 국민의힘

---

51) [총선평가] 국민께 사랑받는 진보정치 만들어가자, 진보당 기관지 너머, 2024.05.08.

에 분노한다"면서도 "22대 총선은 반드시 검찰독재 윤석열 정권 심판 총선이 돼야 한다. 민주진보 시민사회의 연합정치 성과가 훼손되지 않기를 바란다"고 사퇴 이유를 밝혔다.[52]

그런데 여기서 끝이 아니었다. 비례대표 후보자등록 서류 심사를 마친 더불어민주연합은 양심에 따른 병역거부자였던 임태훈 소장을 병역기피자로 몰아 컷오프를 시켰다. 국민후보를 추천한 연합정치시민회의 측은 이에 반발했다. 하지만 윤석열 정권 심판이라는 대의를 쫓기 위해 반발을 더 키우지 않고 조용히 묻었다. 결국 연합정치시민회의가 처음에 추천했던 국민후보 가운데는 김윤 후보 1명만 최종 후보자명부에 들어갔다. 추가로 서미화 전 국가인권위원회 비상임위원과 이주희 변호사가 시민사회 몫의 비례대표 후보자로 선정되었다.

한편 색깔론 공격을 의식한 연합정치시민회의의 추천 후보 교체와 같은 일이 진보당 비례대표 후보 추천 과정에서도 발생했다. 2024년 3월 5일 진보당은 제22대 총선 비례대표 후보로 장진숙 진보당 공동대표, 전종덕 전 민주노총 사무총장, 손솔 진보당 수석대변인을 선출했다. 3명의 후보는 곧 진보당을 탈당하고 더불어민주연합에 입당하여 비례대표 후보가 될 예정이었다. 하지만 3월 17일에 발표된 더불어민주연합의 비례대표 후보 명단에서 장진숙이라는 이름은 없었다. 대신 정혜경 전 진보당 경남도당 부위원장이 후보로 들어갔다.

당원 총투표로 선출된 진보당 비례대표 1번 후보가 아무런 민주적 절차도 거치지 않고 갑작스레 바뀌는 사태가 벌어진 것이다. 한총련 간부로 활

---

52) 더불어민주연합 시민사회 몫 비례후보 진통…'반미' 논란 전지예·정영이 사퇴, 경향신문, 2024.03.12.

동했고 국가보안법 위반 전력이 있는 장진숙 후보의 교체를 더불어민주당 측에서 요구했다는 보도가 나왔다. 윤영덕 더불어민주연합 공동대표는 "종합적으로 검토한 결과 (진보당에) 후보자 교체를 요청했고, 재추천이 이뤄져 정혜경 후보가 최종 후보로 선정했다"고 설명했다.[53] 이에 대해 진보당은 이는 장진숙 후보의 자진 사퇴로 발생한 일이며 사퇴 사유는 구체적으로 밝힐 수 없다고만 언급했다.

위성진보에 면죄부를 부여한 기후정의운동

"기후위기, 기후재난 속에서 우리 모두 평등하고 존엄한 삶을 위해, 불평등과 부정의에 맞선 싸움을 더욱 너르고 단단하게 조직하자"는 핵심 취지와 기조를 지닌 기후정의행진이 2022년 첫 번째 행진을 시작으로 2024년 세 번째 행진을 맞았다. 기후정의행진 조직위원회에는 제안 취지에 동의하는 시민사회단체, 사회운동단체, 노동조합, 협동조합, 정당 등 수백 개에 이르는 단체가 참여하고 있다.

이 조직위원회는 2024년 8월 1일 2차 회의를 열어 참여 단체의 기준에 대한 중요한 결정을 내렸다. "22대 총선에서 보수양당과 함께 비례위성정당을 창당한 정당 역시 참여대상에서 제외한다"라는 기준을 추가하자는 제안을 두고 찬반 토론이 벌어졌고, 이 안이 표결에 부쳐진 것이다. 이날 회의에 참석한 72개 단체의 대표자 가운데 위성정당 참여 세력의 조직위원회 참여를 허용하지 말자는 안에 대한 찬성은 24표, 반대는 29표, 기권

---

53) 종북·병역 논란에 비례후보 튼 민주당, 장진숙·임태훈 '아웃' 확정, 한국일보, 2024.03.17.

은 19표로 나타났다. 찬성이 과반에 미치지 못했다.

　이로써 지난 두 차례 총선에서 더불어민주당의 위성정당에 참여한 기본소득당은 물론 2024년 제22대 총선에서 위성정당에 참가한 진보당이 일종의 면죄부를 받은 셈이 되었다. 위성정당에 참여한 정당을 조직위원회의 공식적인 참가단체로 인정할 수 없다는 안건이 제안된 취지는 위성정당 참여라는 행위에 대한 반성과 책임을 촉구하며 기후정의 운동의 원칙과 기준을 확인하자는 것에 있었다. 하지만 이러한 목적은 달성되지 않았다.

　이 안건에 대해 반대표를 던진 단체의 입장이 모두 단일한 것은 아니었다. 위성정당 자체에 대해서는 비판적 의견을 갖고 있지만 정치 영역의 일과 대중적인 행사를 위한 참가단체 범위 설정의 문제는 구분해야 한다는 의견도 있었다. 찬성 단체의 입장은 정치운동과 대중운동의 경계가 그리 명확한 것은 아니며, 기후정의행진의 기조인 "불평등과 부정의에 맞선 싸움"이 정치운동 앞에서 멈춰야 할 이유는 없다고 보는 것이었다.

　찬성 단체들은 또한 2023년 기후정의행진 조직위원회가 "기본소득당의 21대 총선에서 위성정당 참여가 선거법 개혁과 민주주의를 후퇴시켰다는 점을 확인"하면서 기본소득당의 조직위원회 참여를 막았던 결정을 뒤엎는 문제를 지적했다. 아울러 2023년 10월 6일 가덕도신공항 건설공단법안이 국회 본회의를 통과할 때 진보당 강성희 의원이 찬성에 표결하고 기본소득당 용혜인 의원이 기권에 표결한 문제는 이들이 말하는 기후정치를 충분히 의심케 할만한 문제라고 주장했다.

　시민사회 영역에서 2020년에 위성정당이 처음 등장했을 때의 비판적 분위기와 2024년 위성정당이 재등장했을 때의 분위기 사이에는 분명한 온도차가 있다. 진보당을 비롯한 일부 시민사회단체가 위성진보 대열에 합류하면서 그 규모가 2024년 총선에서 더욱 커진 탓도 있지만, 민주적 규범의 파괴가 반복되면서 이 규범을 바라보는 잣대 자체가 달라졌기 때문이기도 하다. 즉, 규범 파괴에 대한 문제의식이 시간이 흐르면서 옅어진 것이다.

위성진보가 더불어민주당의 위성정당 창당에 두 차례에 걸쳐 면죄부를 주는 역할을 하며 자신들의 정치적 실익을 챙겼다면, 시민사회 진영의 적지 않은 부분이 위성진보를 합리화하고 이들에게 면죄부를 주는 역할을 자처했다. 위성정당 사태가 다음 총선에서 또다시 반복된다면 위성진보의 태도는 더욱 당당해질지도 모른다. 일탈은 일탈이 아닌 것으로, 몰상식은 상식으로 둔갑하는 시대가 도래할 수 있다. 민주주의는 이렇게 시나브로 퇴행의 길을 걷는다.

3부

위성정당 체제의 극복, 민주주의의 새로운 출발

8장 정치관계법 개혁으로부터

　더불어민주당 이재명 대표는 제22대 총선을 앞두고 다시 위성정당을 만들겠다고 선언하며 국민에게 사과했다. 그러나 재발 방지에 대한 약속은 전혀 없어 진정성 있는 사과와는 거리가 멀었다. 제22대 총선이 끝난 후, 위성정당에 참여했던 더불어민주당과 여러 소수정당들은 위성정당의 향후 계획에 대해 일절 언급하지 않았다. 이대로라면 2028년 제23대 총선에서도 위성정당이 재현될 수 있어 위성정당 체제가 공고화될 우려가 있다.

　준연동형 비례대표제에 대한 사회적 합의 수준이 높아서 어떤 정당이나 정치인도 위성정당을 만들어 이 제도를 훼손할 엄두를 내지 못한다면, 별도의 위성정당 방지법은 불필요할 것이다. 하지만 현실은 그렇지 않았다. 양당은 편법과 꼼수로 얼룩진 위성정당을 창당해도 국민이 선거를 통해 자신들을 심판하기는커녕 위성정당에 그대로 표를 줄 수밖에 없을 것이라고 믿었다. 처음에는 미안해하는 척이라도 했으나, 두 번째는 그런 태도조차 보이지 않았다.

헌법상 독립기구인 선관위의 직무 유기

위성정당 체제의 극복은 당장 정치관계법 개혁으로부터 시작할 수 있다. 선거와 정당 사무를 관장하는 헌법상 독립기구인 선관위가 제 역할을 했다면 위성정당의 등장을 막을 수 있었을 것이다. 하지만 선관위가 지난 두 번의 총선에서 모두 자신의 직무를 유기하며 위성정당의 출현을 방조했기에 정치관계법 개혁이 출발점이 되는 것이다. 물론 선관위가 지금이라도 과거의 잘못을 바로잡고 자신의 역할을 충실히 수행할 수 있는 기회는 있다.

헌법 제114조는 선관위를 선거와 국민투표의 공정한 관리 및 정당에 관한 사무를 처리하는 기구로 규정하고, 9인으로 구성되는 선관위 위원의 임기는 대법관이나 헌법재판소 재판관과 같이 6년으로 보장한다. 대통령이나 국회의원의 임기보다 선관위 위원의 임기가 길다는 것은 국회나 정당의 눈치를 보지 말고 독립적으로 법을 해석하고 집행하라는 뜻이다.

그런데 선관위는 지난 2020년 양당 위성정당의 정당 등록신청을 기각하지 않고 등록증을 교부했다. 등록신청의 심사를 규정한 정당법 제15조에 따르면, 선관위는 형식적 요건을 구비한 등록신청을 거부하지 못하지만, 이 형식적 요건을 구비하지 못하면 보완 명령을 내리거나 신청을 각하할 수도 있다. 문제는 이 형식적 요건에 대한 해석이다. 선관위는 이를 매우 협소하게 해석하여 위성정당이 관련 서류를 제대로 제출하였으므로 문제가 없다고 본 것이다.

선관위가 "정당의 민주적인 조직과 활동을 보장함으로써 민주정치의 건전한 발전에 기여함"을 정당법의 목적으로 명시한 정당법 제1조, 정당을 "국민의 자발적 조직"으로 명시한 정당법 제2조, 준연동형 비례대표제를 도입한 공직선거법의 입법 취지와 목적 등을 실현하는 것이 형식적 서류 구비에 앞선 대전제라는 사실을 조금이라도 인식했다면 위성정당의 등록 신청을 각하할 수 있었을 것이다.

하지만 정당법과 공직선거법을 올바르게 해석해야 할 선관위가 이를 거부한 채 거대 양당의 손을 들어줌으로써 위성정당 출현에 합법성을 부여했다. 자신의 직무를 유기한 것이다. 비유를 들자면, 당사자들이 다른 목적을 위해 일시적으로만 유지되는 위장이혼에 불과하다고 공공연하게 떠벌리고 다녔음에도 법원이 이를 모른 척하고 누구나 이혼할 자유가 있고 이혼 서류에 하자는 없으므로 위장이혼이 아니라고 잘못 판단한 셈이다.

위장이혼에 관해 형식주의를 취하고 있는 대표적인 판례들도 실질적인 이혼 의사가 없다는 것을 충분히 입증만 할 수 있다면 그 이혼은 무효라고 판단한다. 위성정당이 본체정당과 아무런 관련 없이 독립적으로 출현한 정당이 아니며, 본체정당과의 통합 없이 독립적으로 존속할 계획도 없는 정당이라는 점은 이미 공공연하게 알려진 사실이다. 본체정당과 위성정당의 당사자들이 이를 감춘 적도 없다. 따라서 위성정당의 위장창당은 무효 요건을 갖춘 위장이혼과 마찬가지로 무효로 보는 것이 마땅하다.

위성정당 체제에 순응할 것인가?

선거제도에 대한 폭넓은 사회적 합의가 없는 상황에서, 양대 정당 중 한 축이 극렬히 반대하는 가운데 강행 처리된 준연동형 비례대표제는 처음부터 불안 요소가 있었다. 양대 정당 중 하나가 움직이면 다른 하나도 똑같이 대응하는 양상으로 인해, 위성정당의 반복이라는 기형적인 정치 상황이 지속될 수 있다. 그러나 양대 정당 모두 이러한 교착과 퇴행 상태를 극복하려는 의지를 보이지 않고 있다. 위성정당 체제에 편승한 소수정당의 태도 또한 다르지 않다.

국민의힘은 위성정당을 허용하는 준연동형 비례대표제보다 병립형 비례대표제로의 회귀를 선호하는 것으로 보인다. 반면 더불어민주당은 아직 명확한 입장을 밝히지 않고 있다. 제22대 총선을 앞두고도 우유부단한 태도만 보였을 뿐이다. 병립형 비례대표제로의 회귀를 겉으로는 꺼리는 듯 하면서도, 위성정당 방지를 위한 적극적인 노력은 보이지 않았다. '국민의힘이 동의하지 않을 것이므로 어떤 조치도 취할 수 없다'는 주장이 그들의 강력한 변명이 되었다.

그 결과, 지난 두 차례 총선의 의석 배분은 병립형 비례대표제가 산출했을 결과와 거의 동일했다. 위성정당에 편승한 소수정당에 할당된 몇몇 의석을 제외하면 말이다. 위성정당 옹호자들은 병립형 비례대표제로의 회귀가 퇴보라고 주장해 왔다. 그러나 이들은 병립형 비례대표제와 유사한 결과를 초래하는 기형적인 선거제도를 지지하는 모순에서 헤어나지 못하고 있다.

2023년 7월 20일 헌법재판소도 "제21대 국회의원선거에서도 거대정당의 위성정당이 창당되어 비례대표선거에만 후보자를 추천하는 현상이 발생하였고 이로 인하여 다른 어떤 때보다 양당체제가 심화된 결과를 보여주었다"면서 "의석배분조항이 무력화되지 않고 선거의 비례성을 확보하기 위해서는 위와 같이 연동을 차단시키는 거대정당의 선거 전략을 효과적으로 통제할 수 있는 제도를 마련하는 것이 필요하다"고 지적했다.[54]

헌법재판소는 준연동형 비례대표제를 합헌으로 판단하면서 위성정당 방지책이 필수적이라고 언급했다. 다만 헌법재판소는 위성정당 창당을 양

---

54) 헌법재판소 결정, 2019헌마1443 등 병합, 2023.07.20. 부록 4 참조.

대 정당의 선거 전략으로 간주하여 그 위헌 가능성에 대해서는 언급하지 않았다. 그러나 이러한 관행이 반복되어 위성정당이 하나의 제도로 정착된다면, 헌법재판소에서 그 위헌 여부를 충분히 다투어 볼 수 있을 것이다.

근본적인 정치개혁 방안을 논의하기에 앞서, 위성정당 체제의 형성을 방지할 수 있는 다양한 제도적 장치에 대한 논의부터 시작하자. 비례대표 의원의 당적 변경 제한, 급조된 정당에 대한 국고보조금 제한, 지역구 후보를 출마시킨 정당의 비례대표 후보 출마 의무화 등이 시급하고 효과적인 대책이 될 수 있다.

'당적쇼핑금지법'의 필요성

한국 정치에서 국회의원의 당적 이탈과 변경은 매우 빈번하게 일어나는 현상이다. '철새 정치인'이라는 명명도 이 때문에 생겨났다. 빈번한 당적 이탈과 변경 현상은 정당정치의 미성숙, 책임정치의 부재, 정당 민주주의의 저발전 상태를 보여주는 것이다. 한편 위성정당 사태로 이러한 당적 이탈과 변경은 정점에 도달했다. 조직적으로 위장정당을 만드는 것도 가능한 판국에 국회의원 개개인의 당적 이탈이나 변경 정도는 이미 대수롭지 않은 일이 되었다.

뉴질랜드 의회는 지난 2018년 일명 '당적쇼핑금지법(anti-party hopping law)'으로 불리는 선거법 개정안을 통과시켰다. 잦은 당적 변경으로 인한 선거 결과의 왜곡을 막고 정치 시스템에 대한 신뢰를 제고하는 것이 목적이었다. 개정 선거법에 따르면, 정당 소속 의원이 당적을 이탈하거나 정당의 의원총회에서 재적의원 3분의 2 이상의 찬성으로 제명이 되면 의원직을 상실한다.

뉴질랜드의 경우 이 법은 지역구 의원과 비례대표 의원 모두에게 적용되지만, 한국에서는 우선 비례대표 의원에 국한하여 이 법을 적용하는 방안을 고려해 볼 수 있다. 이는 비례대표 의원의 지위와 지역구 의원의 지위에 일정한 차이가 있기 때문이다. 지역구 의원의 당적 이탈이나 변경 문제는 추후 좀 더 토론이 필요하다.

다만 여기서는 폐쇄형 명부 투표와 개방형 명부 투표의 차이점 정도만 언급하기로 한다. 한국의 비례대표제는 기본적으로 폐쇄형 명부제다. 유권자의 의사가 비례대표 의원의 선출에 직접적인 영향을 미칠 수 있는 개방형 명부제와 달리 폐쇄형 명부제는 오로지 정당에만 투표하는 것이다. 다시 말해, 비례대표 의원은 지역구 의원과 달리 정당과의 일체성이 매우 강하다.

따라서 정당과 동일체로 볼 수 있는 비례대표 의원이 당적을 이탈하거나 변경하는 것은 의원직의 상실로 이어지는 것이 마땅하다. 그리고 그 빈자리는 비례대표 명부 후순위자가 승계하는 것이 바람직하다. 물론 의원직 상실로 이어지는 비례대표 의원의 제명 결정이 당내 특정 정파에 의해 악용되지 않도록 보호장치를 마련하는 것도 필요하다. 해당행위를 한 비례대표 의원의 퇴직에 관한 벌칙 규정을 신설하면서 이를 마련하는 방안도 있을 것이다(김종갑, 2020).

정치자금법 개정, 급조된 정당의 국고보조금 수령 방지

2023년 11월 6일 더불어민주당 이탄희 의원은 정치자금법 일부개정법률안을 대표 발의했다. 핵심 내용은 총선 이후 2년 이내에, 지역구 당선인의 수가 비례대표 당선인의 수보다 많은 '지역구 다수 정당'과 비례대표 당선인 수가 지역구 당선인 수보다 많은 '비례대표 다수 정당'이 합당하면 해당 정당의 국고보조금을 절반으로 삭감한다는 것이다.

거대 양당이 '위성정당 창당 및 선거 후 합당'이라는 일련의 행위를 통해 초과 의석을 확보하고 선거제도를 무력화하는 시도를 사실상 방지하겠다는 취지를 지닌 개정안이지만, 이는 근본적인 대책과 거리가 멀다. 합당의 형식을 취하지 않고 개별 복당 방식을 취하면 이러한 페널티를 충분히 우회할 수 있다. 물론 2년 동안 독립적으로 위성정당을 운영한 다음 합당하는 방법도 이론적으로는 가능한 우회로이다.

이러한 구멍이 있는 정치자금법 개정안보다 좀 더 근본적인 대안을 사고해야 한다. 이와 관련하여 헌법재판소가 정당은 "상당한 기간 또는 계속해서" 국민의 정치적 의사 형성 과정에 참여해야 한다고 판단한 사실에 주목해야 한다.[55] 즉, 상당한 계속성이 정당이 갖추어야 할 기본 요건이라면, 국고보조금 또한 이러한 조건을 충족한 정당에만 지급하는 것이 타당할 것이다.

국고보조금의 배분을 규정한 정치자금법 제27조를 자세히 살펴보면, 위성정당을 포함하여 급조된 정당이 국고보조금을 한 푼도 받지 못하게 할 수 있는 방법을 찾을 수 있다. 경상보조금과 선거보조금 절반을 교섭단체 구성 정당에 우선 배분하는 문제를 비롯해 국고보조금을 둘러싼 제반 문제는 별도의 상세한 논의가 필요하다. 여기서는 다만 국고보조금 지급 시점에 국고보조금을 받을 수 있는 정당의 자격 또는 기준만을 논하기로 한다.

정치자금법 제27조 제1항과 제2항에 보면, "지급 당시"라는 표현이 나온다. 즉, 교섭단체 구성 정당과 5석 이상 의석을 지닌 정당은 국고보조금

---

55) 헌법재판소 결정, 2004헌마246, 2006.03.30. 부록 4 참조.

의 지급 당시에 각각 20석과 5석이라는 최소한의 조건을 충족만 하면 된다. 따라서 현행 정치자금법은 국고보조금 지급 직전에 의원 꿔주기와 같은 편법을 동원해 국고보조금 챙기기가 가능한 길을 합법적으로 열어주고 있다. 따라서 "지급 당시"라는 문구만 바꾸어도 이를 막을 수 있다.

예를 들어, "지급 당시"라는 조건을 삭제하고 제2항 아래에 있는 "최근에 실시된 임기만료에 의한 국회의원선거에 참여한 정당"이라는 조건을 적용하는 방법이 있다. 제21대와 제22대 총선에서처럼 위성정당을 급조하게 되면 해당 정당은 직전 총선에 참여한 정당이 아니므로 국고보조금을 한 푼도 받을 수 없게 된다.

덧붙여, 이 조항을 손보는 것은 정치자금법 제27조가 규정하고 있는 국고보조금 수령 자격산정 시점의 불일치를 해소하는 방안이기도 하다. 현행법은 교섭단체 구성 정당과 5석 이상 정당은 '지급 당시의 의석수'를 요건으로 정하고 있고, 의석이 없거나 5석 미만 정당은 '최근에 실시된 임기만료에 의한 국회의원선거 또는 최근에 전국적으로 실시된 후보추천이 허용되는 비례대표시·도의회의원선거, 지역구시·도의회의원선거, 시·도지사선거 또는 자치구·시·군의 장선거에 참여한 정당의 선거 결과'를 요건으로 정하고 있다.

또한 정치자금법 제27조에 명시된 기준에 따라 배분하고 남은 잔여분이 발생할 시 그 절반은 지급 당시의 의석수 비율로 나머지 절반은 가장 최근 국회의원선거의 득표수 비율에 따라 배분하게 되어 있다. 이 조항도 마찬가지로 국고보조금 수령 자격산정 시점이 일치하지 않을 뿐만 아니라 국고보조금 지급 시점에 의원 숫자만 더 늘리면 더 많은 국고보조금을 받을 수 있는 문을 열어주는 조항이다. 따라서 잔여분 모두를 가장 최근 국회의원선거의 득표수 비율에 따라 배분하는 방식을 도입하는 것이 바람직하다.

즉, 현행법에 따르면 의원 꿔주기라는 편법을 동원해 5석 이상의 의석을 확보하거나 교섭단체를 구성하기만 하면 국고보조금 특혜를 누릴 수 있다. 하지만 정치자금법 개정을 통해 위와 같이 주로 보조금 지급 당시 국회의원 의석수에 기초한 국고보조금 지급 요건을 최근 국회의원선거의 참여와 득표수 비율에 기초한 요건으로 바꾸게 되면 위성정당이 국고보조금을 챙기는 일을 원천적으로 방지할 수 있다.

지역구 후보 내면 비례대표 후보도 내도록

더불어민주당 등이 정말 준연동형 비례대표제를 지키고 싶은 생각이 있다면, 위성정당을 만드는 것이 원천적으로 불가능하도록 공직선거법을 개정하는 것에 나서야 한다. 물론 이 방법에도 허점이 있을 수 있다. 사실 1인 2표제를 기초로 한 선거제도에서는 원칙적으로 다양한 형태의 '집합적 전략 분할투표(collective strategic split voting)'가 가능하기 때문이다(강우진 2020). 하지만 적어도 지난 두 번의 총선에 연이어 나타난 위성정당과 같은 형태는 막을 수 있다.

지난 2023년 11월 28일 더불어민주당 의원 75명은 위성정당 방지를 위한 공직선거법 개정안을 공동으로 발의한 적이 있다. 총선에 참여하는 정당이 지역구와 비례대표 후보를 동시에 내도록 하고, 지역구 후보 숫자의 20% 이상 비율을 비례대표 후보로 추천하도록 의무화하는 내용이 이 개정안의 골자였다. 이와 비슷한 개정안을 제22대 국회에서 재발의하면 된다.

하지만 제22대 총선 이후 현재까지 더불어민주당과 국민의힘 모두 위성정당 방지에 관한 목소리가 나오지 않고 있다. 국민의힘 일부 의원들이 2024년 6월에 병립형 비례대표제로 돌아가는 공직선거법 개정안을 발의했을 뿐이다. 제22대 총선 이후 위성정당 방지 목소리를 낸 것은 개혁신당의 천하람 의원이 유일하다. 그는 "기득권 양당이 위성정당을 만들어 국민의 뜻을 왜곡했다"며 위성정당 방지법을 자신의 1호 법안으로 꼽았다.[56] 그렇지만 아직까지 위성정당 방지법의 구체적인 내용이 공개되지는 않았다.

지역구 출마 후보자 없이 비례대표 후보자만 내는 비례대표 전용 정당을 허용하지 않는 방법도 있지민, 이 방법은 지역구 후보를 내기가 여의찮은 소수정당까지도 규제하는 결과를 낳을 수도 있으므로 바람직한 방법이 아니다. 문제의 핵심은 지역구 선거에서 절대다수의 당선인을 배출하는 양당이 비례대표 선거에 불참하는 것이므로 이들의 비례대표 선거 참여를 법적으로 강제하는 것이다.

비례대표 선거 참여를 강제하는 구체적인 방법은 다양할 수 있다. 예를 들어, 앞서 더불어민주당 의원들이 제출한 적 있는 공직선거법 개정안의 내용처럼 지역구 후보 숫자의 일정 비율 이상의 비례대표 후보 명단을 제출하도록 강제하는 방식이 있다. 이와 달리 지역구 정수 대비 해당 정당의 지역구 후보 숫자 비율 이상으로 비례대표 정수 대비 해당 정당의 비례대표 후보 숫자 비율을 맞추도록 강제하는 방식도 있다(황동혁 2021, 21-22).

위성정당을 금지하는 정당법 개정

위에서 제시된 방안이 위성정당의 창당 유인을 감소시킬 뿐만 아니라 위성정당의 창당을 실질적으로 규제할 수 있는 것은 사실이지만, 위성정당의 창당을 원천적으로 방지하기에는 미흡한 점이 있을 수 있다. 이에 정

---

56) 천하람 '위성정당 방지법이 나의 1호 법안', 한겨레, 2024.05.22.

표 11 위성정당 금지 정당법 일부개정법률안

이전안(2020.01.14. 시행)	현행(2020.12.29. 시행)
<신설>	제2조의2(위성정당) '위성정당'이라 함은 기존 정당의 정치적 이익을 도모하거나, 동일한 조직, 인력, 재원, 정책을 공유하는 등 실질적으로 동일한 정당을 의미한다.
제4조(성립) ① 정당은 중앙당이 중앙선거관리위원회에 등록함으로써 성립한다. <추가>	제4조(성립) ① 정당은 중앙당이 중앙선거관리위원회에 등록함으로써 성립한다. 단, 제2조의2에 따른 위성정당의 등록 신청은 불허한다.
제15조(등록신청의 심사) 등록신청을 받은 관할 선거관리위원회는 형식적 요건을 구비하는 한 이를 거부하지 못한다. 다만, 형식적 요건을 구비하지 못한 때에는 상당한 기간을 정하여 그 보완을 명하고, 2회 이상 보완을 명하여도 응하지 아니할 때에는 그 신청을 각하할 수 있다. <추가>	제15조(등록신청의 심사) 등록신청을 받은 관할 선거관리위원회는 형식적 요건을 구비하는 한 이를 거부하지 못한다. 다만, 형식적 요건을 구비하지 못한 때에는 상당한 기간을 정하여 그 보완을 명하고, 2회 이상 보완을 명하여도 응하지 아니할 때에는 그 신청을 각하할 수 있다. 또한, 제11조 및 제12조의 규정에 적합한지 여부와 제2조의2에 따른 위성정당 여부를 심사하여야 한다.
제45조(자진해산) ① 정당은 그 대의기관의 결의로써 해산할 수 있다. ② 제1항의 규정에 의하여 정당이 해산한 때에는 그 대표자는 지체 없이 그 뜻을 관할 선거관리위원회에 신고하여야 한다. <신설>	제45조(자진해산) ① 정당은 그 대의기관의 결의로써 해산할 수 있다. ② 제1항의 규정에 의하여 정당이 해산한 때에는 그 대표자는 지체 없이 그 뜻을 관할 선거관리위원회에 신고하여야 한다. ③ 중앙선거관리위원회는 제2조의2에 따른 위성정당으로 확인된 정당에 대해서도 해산명령을 내릴 수 있다.

출처: 경실련

당법 개정을 통해 위성정당 자체를 직접적으로 금지하는 입법을 고려할 수도 있다. 마침 경제정의실천시민연합(이하 경실련)은 2024년 6월 13일 국회 소통관에서 '위성정당 설립허가 금지를 위한 정당법 개정 입법청원'

기자회견을 개최했다. 〈표 11〉은 경실련이 제안한 정당법 일부개정법률안 내용을 보여준다.

위성정당을 법적으로 명확하게 정의하는 문제는 결코 단순하지 않다. 경실련이 제안한 위성정당의 정의에 대해 사회적 합의가 이루어진다 해도 문제가 완전히 해결되지는 않을 것이다. 이러한 정의에서 다소 벗어나는 새로운 형태의 위성정당이 등장할 가능성이 여전히 존재하기 때문이다. 정당법에 명시된 위성정당의 정의가 다양한 변종 형태를 모두 포괄하기란 실제로 어려운 일이다. 그렇다고 이러한 노력 자체가 무의미한 것은 아니다. 그 한계에도 불구하고 위성정당을 금지하기 위한 다양한 시도 중 하나로 인정될 수 있다. 완벽한 대안이 존재하는 사안은 사실 드물다.

위성정당을 직접적으로 금지하는 것이 헌법상 정당 설립의 자유를 침해한다는 주장이 제기될 수 있다. 그러나 민주성과 자발성을 상실하여 위헌 소지가 큰 위성정당에까지 정당 설립의 자유가 무제한으로 허용된다고 보기는 어려울 것이다. 2023년 7월 20일 헌법재판소도 선거의 비례성 확보를 위해 위성정당 창당과 같은 거대 양당의 선거 전략을 효과적으로 통제하는 제도를 마련할 필요가 있다는 견해를 밝힘으로써 위성정당에 대한 규제의 정당성을 확인한 바 있다.[57]

위성정당을 규제하거나 금지하는 정치관계법 개혁 방안은 편법, 반칙, 꼼수를 배제하기 위한 최소한의 필요조건이라는 점을 인식할 필요가 있다. 그런데 위성정당 규제법 또는 금지법은 위성정당과 유사한 준위성정당의 등장까지 막기는 어렵다는 현실적인 한계도 존재한다. 예를 들어, 제22대 총선에서 더불어민주당의 위성정당 더불어민주연합이 없었다 하더

---

57) 헌법재판소 결정, 2019헌마1443 등 병합, 2023.07.20. 부록 4 참조.

라도 더불어민주당 지지자들은 정당명부 투표에서 더불어민주당의 준위성정당인 조국혁신당에 그 표의 상당 부분을 몰아줬을 가능성이 충분하다. 더불어민주연합이라는 위성정당이 없었다 해도 준위성정당까지 포함하는 더불어민주당 진영의 총의석수에는 큰 차이가 없었을 수도 있다.

이처럼 준연동형 비례대표제 아래에서 위성정당이 사라진다고 해서 집합적 전략 분할투표가 불가능해지는 것은 아니라는 점에 주목해야 한다. 위성정당과 무관하게 이러한 선거제도 자체가 거대정당의 전략적 투표 조직을 통해 선거의 비례성을 훼손하고 의석수를 확대할 수 있는 여지를 제공한다(Bochsler 2012).

9장에서 다룰 알바니아의 사례는 거대정당이 한국과 달리 위성정당을 만들지 않고 지역구와 비례대표 후보를 모두 내면서, 가까운 소수정당에 대한 비례대표 지지를 독려함으로써 위성정당과 유사한 효과를 얻었음을 보여준다. 레소토에서는 거대 양당이 비례대표 후보를 내지 않고 위성정당 창당 대신 기존 정당과의 연합을 통해 해당 정당에 비례대표 지지를 집중시켜 비슷한 결과를 얻었다. 베네수엘라에서는 거대정당이 비례대표 후보만 내고, 지역구에서는 다른 유관 정당을 활용하여 후보를 출마시킴으로써 의석수를 극대화하는 전략이 사용되었다.

따라서 위성정당의 소멸이 준연동형 비례대표제의 취지를 온전히 실현하는 완벽한 충분조건은 아니다. 물론 위성정당이 없는 준연동형 비례대표제가 위성정당이 있는 경우보다 진일보한 것은 분명하다. 그러나 준연동형 비례대표제가 본래의 취지대로 구현되기 위해서는 위성정당이라는 문제점 외에도 다양한 정치적 변수를 통제해야 한다. 이러한 현실적 어려움은 준연동형 비례대표제를 넘어선 더 나은 대안적 선거제도를 적극적으로 모색할 필요성을 시사한다.

9장 다시 비례대표제 정치개혁으로

 연동형 비례대표제는 기본적으로 비례대표 득표율을 지역구와 비례대표를 합한 전체 의석수 결정의 기준으로 삼는다. 그러나 한국의 준연동형 비례대표제는 이와 달리 비례대표 득표율을 전체 의석수 결정의 기준으로 사용하지 않는다. 대신 비례대표 의석배분 계산에서 지역구 의석수를 차감하는 연동형 방식과 정당 득표율을 사용하는 병립형 방식을 혼합하려 한 독특한 제도라고 할 수 있다. 이러한 제도를 시행하는 나라는 한국이 유일하다. 또한 비례대표 전용 위성정당을 설립하여 선거제도를 무력화한 사례도 한국이 최초이다.
 물론 연동형 비례대표제를 도입한 국가 중에서도 독일이나 뉴질랜드와 달리 그 선거제도의 취지가 왜곡되거나 훼손된 사례가 있다. 알바니아(Albania), 레소토(Lesotho), 베네수엘라(Venezuela)가 대표적인 예다. 이들 세 나라에서 연동형 비례대표제의 실험은 결국 모두 실패로 끝났다.

알바니아, 레소토, 베네수엘라의 실패 경험

 알바니아는 2005년 의회 선거에서 드러난 선거제도의 허점으로 인해

2008년 연동형 비례대표제를 포기하고 전면적인 비례대표제를 채택했다. 레소토는 2007년 의회 선거에서 정치적 격랑을 겪은 후 2011년 연동형 비례대표제의 틀을 유지하면서 1인 2표제를 1인 1표제로 변경했다. 베네수엘라는 2005년 의회 선거에서 쌍둥이정당을 경험한 후 2009년 연동형 비례대표제를 병립형 비례대표제로 전환했다(강우진 2020).

알바니아는 2000년 5월의 선거법 개정을 통해 2001년 의회 선거를 지역구 100석, 비례대표 40석에 기초한 연동형 비례대표제로 치렀다. 2001년 선거에서도 주요 정당 중 하나인 사회당은 자신의 의석수를 극대화하기 위한 전략을 구사했지만, 2005년 의회 선거에서 양대 정당인 사회당과 민주당의 집합적 전략 분할투표가 본격화되었다. 양대 정당은 지지자들에게 자신의 지역구 후보 지지를 독려했고, 비례대표 선거에서는 이들과 긴밀한 관계를 맺고 있는 소수정당 지지를 독려했다.

이처럼 알바니아에서 집합적 전략 분할투표가 동원된 것은 분명하나, 한국에서와 같이 위성정당이 급조된 것은 아니었다. 그리고 양대 정당을 포함하여 모든 정당이 지역구 및 비례대표 선거에 동시에 출마했다. 다만 '지역구는 ○○당, 비례대표는 ○○당'과 같은 전략적 분할투표가 적극적으로 이루어졌을 뿐이다.

레소토는 지역구 80석, 비례대표 40석에 기초한 초과의석을 인정하지 않는 연동형 비례대표제를 도입했다. 이 방식이 최초로 적용된 2002년 의회 선거에서는 별다른 문제없이 이 제도가 작동했다. 지역구 선거에서 77석을 차지한 레소토민주주의회의(LCD)가 비례대표 득표율 54.6%를 기록했지만 이미 지역구 의석이 120석의 54.6%인 66석을 초과하여 비례대표 의석을 하나도 차지하지 못했다.

하지만 2007년 선거는 달랐다. LCD는 민족독립당(NIP)과 연합하고 전

바소토회의(ABC)는 레소토노동당(LWP)과 연합하여 거대정당인 LCD와 ABC는 지역구 선거에만 후보를 내면서 비례대표 선거에 불참했다. 반면 소수정당인 NIP와 LWP는 비례대표 선거에만 참여했다. 그 결과, 이들의 선거연합은 의석수를 극대화할 수 있었다. 두 정당이 짝을 이루어 하나는 지역구 선거에만 출마하고 다른 정당은 비례대표 선거에만 출마하는 이 같은 전략은 한국의 본체정당과 위성정당이 채택한 전략과 같다. 하지만 레소토에서는 한국과 같이 위성정당이 급조된 것이 아니라 기존 정당이 활용되었다.

논란이 커지자 레소토는 1인 2표제를 1인 1표제로 바꾸었다. 병립형 비례대표제 이전 한국의 비례대표 의석배분 방식과 비슷하다. 지역구 선거 후보가 얻은 득표를 합하여 정당 득표율로 계산하고 이에 근거해 연동형 방식으로 비례대표 의석을 배분하는 것이다. 2001년 한국의 헌법재판소는 비례대표 의석에 적용하던 이러한 방식의 의석배분을 위헌으로 판단한 바 있다.

전면적인 비례대표제를 오래도록 유지하다가 1992년 연동형 비례대표제로 선거제도를 바꾼 베네수엘라에서는 2005년 의회 선거에서 집합적 전략 분할투표 행위가 극대화되었다. 당시 집권당이었던 차베스의 5공화국운동(MVR)은 지역구 후보를 내지 않고 비례대표 선거에만 참여했다. 하지만 MVR은 친 차베스 세력이 결성한 또 다른 정당인 선거승리연합(UVE)을 통해 지역구 선거에 출마했다. 이러한 선거 전략으로 MVR과 UVE는 압승을 거두었다. 이후 이를 둘러싼 논란이 거듭되었고 2009년에 베네수엘라는 선거제도 개혁을 단행해 병립형 비례대표제를 새로 도입했다.

연동형 비례대표제를 도입했던 이들 세 나라의 실패 경험은 어떤 교훈을 주는가? 우선, 거대정당이 이러한 제도가 자신의 이해관계와 상충할 때 언제든 그 틈새를 파고들어 의석수 극대화 전략을 추구할 수 있다는 점을 보여주었다. 그러나 이들 세 나라는 한 차례의 의회 선거에서 제도의 허점이 명백히 드러나자 이를 해소하고자 선거제도를 개편했다. 반면 연동형 비례대표제와는 거리가 먼 준연동형 비례대표제를 채택한 한국은 이마저도 노골적으로 무력화하는 비례 위성정당의 등장을 두 번의 총선에서 연이어 목격해야 했다.

더불어민주당, 왜곡된 선거제도의 최대 수혜자

더불어민주당 이재명 대표의 측근으로 분류되는 강남훈 한신대학교 명예교수는 한 언론기고문에서 "진정한 민주주의는 1인 1표를 넘어서 1표 1가치가 실현되는 선거제도를 가져야 한다. 1표 1가치란 의석을 만드는 데 모든 표가 동등한 가치를 갖는 것을 의미한다"고 말했다(강남훈 2023). 동의하지 않을 수 없는 말이다. 문제는 '1표 1가치'가 실현되지 않음으로써 가장 큰 이득을 보고 있는 것이 더불어민주당이라는 사실이다. 그는 같은 글에서 성과가치를 다음과 같이 설명한다.

> 정당의 의석비율을 득표율로 나눈 값을 성과가치라고 부른다. 1표 1가치가 완전하게 실현되는 선거제도에서는 모든 정당의 성과가치가 1이 된다. 2009년 독일의 헌법재판소는 어느 한 정당의 성과가치가 1.1180이 되자 그 선거제도가 위헌이라고 결정하였다. 우리나라 제18대 국회의원 선거에서 한나라당의 성과가치는 1.365였고, 민주노동당의 성과가치는 0.294였다. 현재의 준연동제 선거제도는 그때보다 다소 개선이 되었지만, 아직도 멀었다. 우리나라 선거제도를

독일 헌법재판소에 판단을 맡긴다면 1표 1가치의 원칙에서 너무 크게 어긋나서, 평등선거 원칙에 어긋나는 것으로서 당연히 위헌이라고 결정을 할 것이다. (강남훈 2023)

원칙적으로 '1표 1가치'는 전체 의석 배분이 봉쇄조항조차 없는 전면적인 비례대표제를 통해 결정되어야만 실현할 수 있다. 연동형 비례대표제를 시행하는 독일은 기본적으로 비례대표 득표율이 지역구 의석수와 상관없이 전체 의석 배분을 결정하므로 '1표 1가치' 실현과 가깝다고 볼 수 있다. 다만 상대적으로 높은 5%의 봉쇄조항을 뚫지 못한 정당의 비례대표 득표와 지역구 선거 낙선자의 득표가 사표라는 점을 고려하면 그것과 거리가 좀 멀어지지만 말이다.

강남훈 교수의 이 기고문에서는 기본적으로 소선거구에서 행사된 유권자의 표나 소선거구제 자체의 문제는 등장하지 않는다. 그가 여기서 말하는 '1표 1가치' 실현은 지역구 의석이 전체 의석의 약 85%를 차지함에도 비례대표 득표율을 기준으로 전체 의석수에서 차지하는 비율을 살펴보는 것이어서 소선거구제 지지자들은 이런 비교 자체가 의미가 없다고 생각할 수도 있다. 하지만 비례대표제 지지자들은 현행 소선거구 중심의 선거제도가 만들어낸 선거 결과가 비례대표 득표율 분포와 얼마나 동떨어져 있는가를 확인하는 일에 큰 의미를 부여한다.

이 책은 기본적으로 비례대표제를 지지한다. 강남훈 교수 개인도 비례대표제 확대가 바람직한 방향이라고 생각하는 것으로 보인다. 그러나 그가 소속된 더불어민주당의 주류 세력이 비례대표제 확대와 다당제 정치개혁을 지지한다고 주장할 만한 근거를 찾기는 어렵다. 두 가지 이유 때문이다. 첫째, 이미 적은 비례대표 의석수마저 국민의힘과 협력하여 점진적으로 축소해 왔다. 둘째, 불완전한 준연동형 비례대표제조차 국민의힘과 마찬가지로 위성정당을 통해 무력화했다. 이러한 문제점들은 잠시 접어두고, 우선 강남훈 교수의 논의를 살펴보도록 하자.

더불어민주당은 비례대표제 확대와 다당제 정치개혁을 원하는가?

강남훈 교수는 하필 위의 글에서 제18대 총선에서 한나라당의 성과가치를 언급하고 현재의 준연동제 선거제도가 이보다 다소 개선된 것이라고 단정했다. 하지만 이는 사실이 아니다. 위성정당을 허용하는 준연동형 비례대표제가 도입된 제21대 총선에서 더불어민주당/더불어시민당의 성과가치가 1.80으로 제18대 총선 당시 한나라당의 성과가치 1.36보다 비교할 수 없을 정도로 높았기 때문이다.

제22대 총선에서는 어떻게 나타났을까? 국민의힘/국민의미래의 성과가치는 양당 중 처음으로 1을 밑도는 0.98로 나타났다. 반면, 더불어민주당/더불어민주연합의 성과가치는 역대 최고였던 제21대 총선에서의 1.80을 훌쩍 뛰어넘어 2.18을 기록했다. 물론 제22대 총선의 이 수치를 곧이곧대로 해석하기는 어렵다. 조국혁신당이 더불어민주연합의 비례대표 득표를 상당 부분 잠식했기 때문이다. 하지만 이 부분을 어느 정도 보정한다고 해도 더불어민주당/더불어민주연합의 성과가치가 국민의힘/국민의미래의 성과가치를 훌쩍 뛰어넘는다는 점을 부인하기는 어렵다.

2004년 제17대 총선에서 병립형 비례대표제가 도입된 이후 지금까지의 전체 상황을 살펴보자. 제17대 총선부터 제22대 총선까지 정당명부 투표가 이루어졌으므로 강남훈 교수가 말한 성과가치 계산이 〈표 12〉와 같이 가능하다. 총 여섯 번의 총선에서 1표 1가치 원칙에서 벗어나는 가장

표 12 역대 총선에 나타난 양당의 성과가치

	제17대 총선	제18대 총선	제19대 총선	제20대 총선	제21대 총선	제22대 총선
정당	한나라당	한나라당	새누리당	새누리당	미래통합당/ 미래한국당	국민의힘/ 국민의미래
의석비율(%)	40.5	51.2	50.7	40.7	34.3	36.0
비례대표 득표율(%)	35.8	37.5	42.8	33.5	33.8	36.7
성과가치	1.13	1.36	1.18	1.21	1.01	0.98
정당	열린우리당	통합민주당	민주통합당	더불어민주당	더불어민주당/ 더불어시민당	더불어민주당/ 더불어민주연합
의석비율(%)	50.8	27.1	42.3	41.0	60.0	58.3
비례대표 득표율(%)	38.3	25.2	36.5	25.5	33.4	26.7
성과가치	1.33	1.08	1.16	1.61	1.80	2.18

큰 이득을 누린 것은 국민의힘 계열이 아니라 바로 더불어민주당 계열이었다. 제19대 총선에서는 양당의 성과가치가 거의 유사했고, 제18대 총선에서만 한나라당이 1.36으로 큰 이득을, 나머지 총선에서는 더불어민주당 계열이 큰 이득을 보았다.

특히 제21대 총선과 제22대 총선에서 더불어민주당의 성과가치는 무려 1.80과 2.18에 달한다. 강남훈 교수의 말처럼 독일 헌법재판소 같았으면 이런 선거제도는 사라져야 한다고 판단했을 것이다. 즉, 제17대 총선부터 제22대 총선까지의 선거 결과를 전체적으로 보면 강남훈 교수가 주장하는 평등선거를 보장하는 표의 등가성 원칙과 거리가 먼 선거제도의 최대 수혜자는 바로 더불어민주당과 그 전신이었다.

무수한 질문이 쏟아진다. 비례대표제 확대를 반대하거나 관심이 없는 국민의힘은 그렇다 치고, 더불어민주당은 국민의힘과 달리 비례대표제 확대를 적극 찬성하는가? 국민의힘은 양당제 온존을 바라는 세력이고, 더불어민주당은 정말 다당제 정치개혁을 바라는 세력인가? 현행 소선거구제 중심 선거제도 혜택을 가장 많이 누리고 있는 더불어민주당이 소선거구제의 절대적 또는 상대적 축소에 찬성할 것이라고 보는가? 겉으로는 비례성을 강화하는 다당제 정치개혁을 명분으로 내세워 더불어민주당의 위성정당으로 돌진한 일부 소수정당과 정치세력은 더불어민주당을 정치개혁의 방향으로 견인할 수 있다고 믿는가?

비례대표 의석 확대가 기본 원칙이자 해결책

8장에서 논의한 정치관계법 개혁은 최소한의 안전장치이자 출발점에 불과하다. 최선의 대안은 위성정당 창당이 의미 없을 수준으로 비례대표 의석비율을 획기적으로 늘리는 것이다. 비례대표 의석비율이 늘어나면 각기 다른 비례대표제 선거 결과 사이의 격차가 줄어들어 병립형 비례대표제 결과와 준연동형 비례대표제 결과 사이의 차이도 감소하므로 위성정당 창당의 동기 자체가 약해지기 때문이다(이에 대한 예시와 자세한 논의는 부록 3 참조).

하지만 현실은 정반대의 길을 걸어왔다. 비례대표 의석수가 오히려 야금야금 줄어들었다. 제22대 총선을 앞둔 2024년 2월 29일 더불어민주당과 국민의힘은 급기야 비례대표 의석을 하나 더 줄이기로 합의했다. 양당은 전라북도 지역구 10석을 현행대로 유지하기로 합의하는 대신 이런 결정을 내렸다. 2월 29일 오후 국회 본회의에서 4·10 총선 선거구획정안이 처리되었다. 총선을 불과 41일 남겨두고 선거구 획정이 이루어진 것이다. 공직선거법 제24조의2에 따르면, 국회는 국회의원 지역구를 선거일 전 1

년까지 확정하여야 한다. 하지만 양당은 법을 어겨가며 지역구 의석 확보를 위한 줄다리기를 계속했고 막판에 결국 비례대표 1석을 제물로 삼았다.

1인 2표의 병립형 비례대표제가 처음 도입된 2004년 제17대 국회의원선거에서 비례대표 의석수는 56석이었다. 제18대 국회의원선거에서는 이것이 54석으로 줄었다. 제20대 국회의원선거에서는 다시 47석으로 줄었다. 제22대 국회의원선거를 코앞에 두고 1석이 또 줄어 46석이 될 것이다. 지난 20여 년 동안 비례대표 의석수가 늘어나기는커녕 무려 10석이나 줄어들었다. 거대 양당의 합작품이다.

한편 비례대표 의석을 46석으로 축소하는 방안에 진보당 강성희 의원이 찬성표를 던진 사실도 주목할 만하다. 전라북도 지역구 10석 유지를 요구하는 지역 여론이 상당했기에, 비례대표 의석 하나를 줄이는 안에 반대하기 어려웠을 것으로 추측된다. 그럼에도 스스로 '진보'를 표방하는 정당의 유일한 국회의원이 비례대표 의석 축소에 찬성한 것은 역사적으로 기록될 만한 사건이다.

사실 다당제를 지향하는 비례대표제 확대는 애초에 양당의 관심사가 아니었다. 양당은 위성정당을 통해 준연동형 비례대표제를 무력화시키는 한편, 비례대표 의석수 자체를 사회적 논의나 합의 없이 급격하게 축소하는 데 신속히 합의했다. 이러한 상황은 선거제도 개혁을 양당이 지배하는 국회에만 맡길 수 없다는 점을 더욱 명확히 보여준다.

전면적인 비례대표제 도입을 일단 논외로 하면, 비례대표제 확대는 크게 두 가지 방법이 있다. 하나는 현재의 의원 정수를 유지하며 지역구 의석을 대폭 줄이는 방법이고, 다른 하나는 의원 정수를 확대해 비례대표 의석을 늘리는 방법이다. 전자는 당연히 양당 지역구 의원들의 반발이 클 것이고, 후자는 국회와 국회의원에 대한 불신이 가득한 유권자의 심리적인 저항이 거세다. 따라서 후자로 방향을 잡으려면 의원의 각종 특혜나 특권을 더더욱 줄이고 의원 1인당 지출되는 예산도 대폭 삭감하는 것을 기본적으로 고려해야 한다.

여론도 비례대표 의석 확대 지지, 의원 숫자 확대 지지 가능성도

국회의원 숫자를 늘리면서 비례대표 의석을 확대하는 방향은 일정한 조건이 갖추어지면 충분히 여론의 지지를 받을 가능성이 있다. 국회 정치개혁특별위원회가 2023년 5월 6일과 13일 이틀간 시민참여단 469명을 대상으로 선거제도 개편 공론조사를 진행한 결과에 따른다면 말이다. 이 공론조사의 숙의 과정은 패널 토의 4회, 전문가 질의응답 6회, 분임토의 5회를 거쳤다.

비례대표 의석 확대는 숙의 전 조사에서 불과 27%의 지지를 받았다. 하지만 숙의 후 조사에서는 70%의 지지를 받았다. 무려 43% 포인트나 지지 의견이 증가했다. 지역구 의석 확대는 정반대의 결과가 나타났다. 지역구

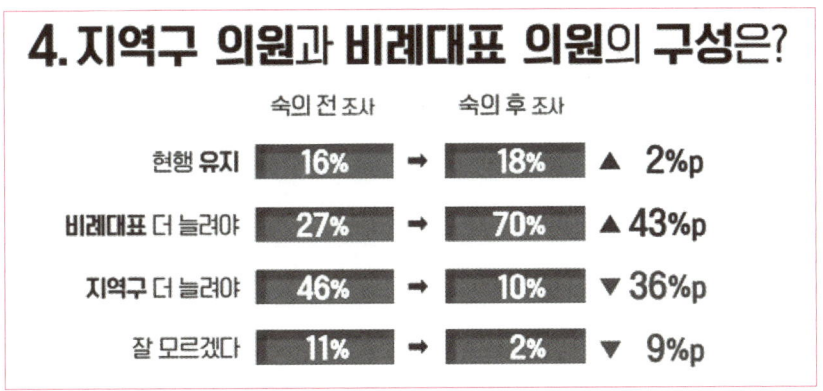

그림6 선거제도 개편 공론조사 결과: 비례대표 의석 확대 의견   출처: KBS 유튜브 화면 갈무리

의석 확대에 찬성하는 의견이 숙의 전 조사에서는 46%였으나 숙의 후에는 10%에 불과했다. 실로 엄청난 여론의 반전이었다.

　숙의 과정 이후 국회의원 숫자에 대한 여론도 크게 바뀌었다. 국회의원 숫자를 더 줄여야 한다는 의견은 숙의 전 65%에서 숙의 후 37%로 28% 포인트나 줄어들었다. 국회의원 숫자의 현행 유지 의견은 숙의 후 11%가 늘었다. 주목할 만한 것은 국회의원 숫자를 더 늘려야 한다는 의견이 숙의 전 불과 13%에서 숙의 후 33%로 20% 포인트나 증가했다는 점이다. 국회의원에 대한 불신을 누그러뜨릴 수 있는 다른 부가적인 조건이 제시되지 않은 상태에서도 이러한 여론 변화가 나타났다는 점은 매우 고무적인 현상이다.

　다음 논의에 앞서 비례대표 의석비율 확대와 비례대표제 선거 결과 사이의 관계를 살펴보는 일도 필요하다. 결론부터 말하자면, 지역구 의석정수를 유지하든 지역구 의석정수를 축소하든 비례대표 의석비율 확대 자체가 서로 다른 비례대표제가 산출하는 선거 결과 사이의 격차를 줄이는 효과가 있다(이에 대한 상세한 논의는 부록 3 참조). 이는 비례대표 의석할당

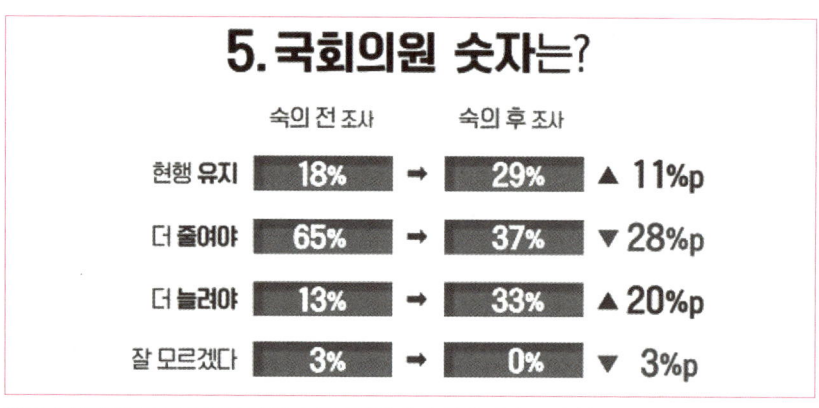

그림7 선거제도 개편 공론조사 결과: 국회의원 숫자 확대 의견　　출처: KBS 유튜브 화면 갈무리

방식을 비례성이 높은 방향으로 개혁하는 문제 못지않게 비례대표 의석비율 확대 자체가 매우 중요한 목표라는 점을 다시 한번 일깨워준다.

지금까지의 논의를 통해 비례대표 의석 확대라는 기본 방향을 잡았다면, 이제 구체적인 제도 설계 문제를 논의해야 한다. 현재 우리 앞에 놓인 선택지는 위성정당을 허용하는 현행 준연동형 비례대표제, 과거와 같은 병립형 비례대표제, 위성정당 방지법을 전제로 한 준연동형 비례대표제, 연동형 비례대표제 또는 완전 비례대표제가 있다. 여기서 '완전 비례대표제'는 지역구 선거가 없는 전면적인 비례대표제를 일컫는다.

이 중에서 가장 나쁜 선택지는 위성정당을 허용하는 현행 준연동형 비례대표제이다. 병립형 비례대표제와 거의 유사한 선거 결과를 가져오는 이 제도를 왜 병립형 비례대표제보다 더 나쁜 제도로 볼 수밖에 없는가? 병립형 비례대표제에서는 있을 수 없는 온갖 편법과 꼼수가 위성정당 출현과 함께 나타났고, 이것이 결국 정당 민주주의와 선거 민주주의를 심각하게 후퇴시켰기 때문이다.

위성정당 허용 준연동형 〈 병립형 〈 위성정당 방지 준연동
〈〈 연동형 또는 완전비례형

국민의힘 서지영 의원 등 12인이 2024년 6월 18일에 발의한 공직선거법 일부개정법률안은 위성정당을 허용하는 준연동형 비례대표제의 폐단을 막고자 병립형 비례대표제로의 회귀를 제안하는 것이었다. 더불어민주당이 다음 총선에서도 위성정당을 방지하는 준연동형 비례대표제를 추진할 의사가 없다면, 차라리 국민의힘이 호응하는 병립형 비례대표제로 돌아가는 것이 바람직하다.

원칙적으로 위성정당을 방지할 수 있는 준연동형 비례대표제가 병립형 비례대표제보다 비례성의 원칙을 좀 더 확장한다는 점에서 분명히 진보적이다. 따라서 병립형 비례대표제로의 회귀가 대안이 아니라면, 8장에서 제시한 정치관계법 개혁을 전제로 위성정당이 없는 준연동형 비례대표제를 선택할 수도 있다. 물론 비례대표 의석을 대폭 확대하는 것을 전제로 독일이나 뉴질랜드와 같은 연동형 비례대표제 또는 유럽의 상당수 국가가 실시하고 있는 개방형 명부 또는 폐쇄형 명부 방식의 완전 비례대표제를 도입하는 것이 훨씬 더 나은 대안이라는 것은 분명하다.

한편 위성정당을 방지하는 준연동형 비례대표제, 나아가 연동형 비례대표제라고 해서 앞서 살펴본 집합적 전략 분할투표 행위를 완전히 차단할 수 있는 것은 아니다. 제22대 총선에서 나타난 조국혁신당의 돌풍도 사실상 이러한 집합적 전략 분할투표의 결과이다. 5장의 〈표 8〉에서 확인할 수 있듯이, 병립형 비례대표제였다고 해도 조국혁신당은 12석을 얻었을 것이고, 더불어민주연합이라는 위성정당이 없는 준연동형 비례대표제였다면 조국혁신당은 무려 31석을 얻을 수도 있었다.

이때 병립형 비례대표제가 실시되었다면 더불어민주당과 조국혁신당의 비례대표 의석 합계는 25석이었을 것이고, 위성정당이 없는 준연동형 비례대표제가 있었다면 양당의 의석 합계는 31석이었을 것이다. 병립형 비례대표제보다 더 진보적이라 할 수 있는 비례대표제에서도 집합적 전략 분할투표 현상이 나타나 조국혁신당을 포함하는 더불어민주당 진영 전체가 6석을 더 얻는 결과를 얻을 수 있었다는 점은 시사하는 바가 크다.

한 걸음 더 나아가 보자. 〈표 13〉은 비례대표 의석이 현행 46석이 아니라 100석으로 늘어났다고 가정하고 위성정당을 허용하지 않는 준연동형 비례대표제를 시행한다고 할 때 현행과 같이 50% 연동률을 적용한 사례

표 13 제22대 총선 결과에 기초한 시뮬레이션

제22대 총선 결과 기초 비례대표 100석 가정	(1) 위성정당 방지 준연동형 (50% 연동률)		(2) 위성정당 방지 준연동형 (100% 연동률)	
	연동배분의석수 (합계 60)	최종의석수 (합계 100)	연동배분의석수 (합계 120)	최종의석수 (합계 100)
국민의힘	15	31	30	25
더불어민주당	0	12	0	0
조국혁신당	40	51	79	66
개혁신당	5	6	11	9

와 100% 연동률을 적용한 사례를 비교해 본 것이다. 거대 양당과 그 영향력 안에 있는 위성정당 또는 준위성정당이 아닌 개혁신당은 연동률이 확대될 때 분명한 이득을 얻는다. 50% 연동률을 적용할 때보다 100% 연동률을 적용할 때 비례대표 의석수가 50% 더 늘어나는 것이다. 조국혁신당도 15석이 더 늘어나긴 하지만 더불어민주당 진영이 얻는 몫 전체로 계산하면 63석에서 66석으로 3석이 늘어날 뿐이다.

〈표 14〉는 제21대 총선 결과에 기초해 앞의 계산을 반복해 본 것이다. 연동률이 50%일 때 정의당은 비례대표 21석을 얻고, 연동률이 100%일 때는 31석을 얻는다. 열린민주당도 연동률이 50%에서 100%로 늘어나면 12석에서 18석이 된다. 하지만 더불어민주당과 열린민주당의 의석을 합해서 계산하면, 연동률이 늘어날 때 양당의 합계 의석은 31석에서 18석으로 확연히 줄어든다. 〈표 13〉과 〈표 14〉에서 나타난 결과의 큰 차이는 바로 집합적 전략 분할투표 행위의 강도가 달랐기 때문이다. 즉, '지민비조'와 같은 전략이 큰 힘을 발휘했던 제22대 총선과 비슷한 상황이 발생하면, 위성정당을 방지한 준연동형 비례대표제의 한계가 더욱 뚜렷하게 드러난다.

표 14 제21대 총선 결과에 기초한 시뮬레이션

제21대 총선 결과 기초 비례대표 100석 가정	(1) 위성정당 방지 준연동형 (50% 연동률)		(2) 위성정당 방지 준연동형 (100% 연동률)	
	연동배분의석수 (합계 50)	최종의석수 (합계 100)	연동배분의석수 (합계 100)	최종의석수 (합계 100)
미래통합당	14	33	28	28
더불어민주당	0	19	0	0
정의당	16	21	31	31
국민의당	11	15	23	23
열린민주당	9	12	18	18

결론적으로, 준연동형 비례대표제가 그 취지대로 작동하기 위해서는 위성정당은 물론 준위성정당도 존재하지 않거나 그 영향력이 미미해야만 한다. 다양한 법과 제도를 통해 위성정당의 출현은 원칙적으로 막을 수 있다. 문제는 준위성정당의 등장까지 막는 것은 현실적으로 어렵다는 것이다. 이 모든 문제를 넘어서는 방법은 지역구 의석수 비율이 낮은 독일식 연동형 비례대표제 또는 지역구 의석을 없애는 완전 비례대표제를 도입하는 것이다.

지역구 선거를 일거에 폐지하고 완전 비례대표제를 도입하는 것이 가장 단순하고 명확한 해법이지만, 적어도 당분간 지역구 선거를 존치하는 것이 바람직하다면 지역구 의석수 비율을 현재보다 대폭 낮춘 연동형 비례대표제를 대안으로 삼을 수도 있다. 연동형 비례대표제를 채택하고 있는 독일의 지역구 의석수 비율은 전체의 47.5%이고, 뉴질랜드는 60% 이상이다.[58] 참고로, 2015년 선관위가 제안했던 권역별 연동형 비례대표제의 지

---

58) 독일은 2023년 개정 선거법에 따라 지역구 299석과 비례대표 331석이 고정되어 있어 지역구 비율이 47.5%(299/630)이다. 뉴질랜드는 지역구 초과의석이 없다면 지역구 비율이

역구 의석수 비율은 66.7%였다.

  연동형 비례대표제를 도입한다고 할 때 지역구 의석수 비율을 정확히 얼마에 맞출 것인가를 정하는 문제는 정답이 없다. 다만 60%를 마지노선으로 보는 것은 상당히 합리적이다. 한국의 역대 선거에서 한 정당의 비례대표 지지율이 40%를 넘는 경우는 거의 없었고, 한 정당이 지역구 의석의 60%를 얻는 경우도 거의 없었다. 따라서 이 수치를 한계치로 삼아 시뮬레이션을 해보면 지역구 의석수 비율이 60% 이하가 되어야 지역구에서 초과의석이 발생하는 복잡한 경우를 충분히 막을 수 있다.

  또 하나 중요한 문제는 거대 양당의 영향력에서 자유로운 독립적인 제3정당의 존재다. 이런 정당이 존재해야 비례성을 강화하는 선거제도 도입 주장이 힘을 받을 수 있고, 그런 제도가 실현되었을 때 그 가치와 의의가 드러날 수 있다. 의미 있는 제3정당이 존재하지 않는 상황에서는 위성정당 또는 준위성정당의 존재 여부와 상관없이 어떤 선거제도를 채택하든 큰 의미가 없을 것이다.

연동형 vs 완전비례형, 전국적 vs 권역별, 폐쇄형 vs 개방형

  가까운 장래의 실현 가능성에 의문을 표하는 사람도 있겠지만, 연동형 비례대표제와 완전 비례대표제라는 두 대안을 놓고 토론할 필요가 있다. 전국적 비례대표제를 유지하는 것이 바람직한가 아니면 권역별 비례대표제를 도입하는 것이 바람직한가도 함께 토론해 볼 수 있다. 물론 비례대표 의석수가 획기적으로 늘어난다면 권역별로 비례대표 후보를 선출하는 것

60%(72/120)이고, 초과의석이 있으면 60%를 넘는다.

이 더 합리적이고 현실적이다. 한 가지 더 논의해야 할 사안은 폐쇄형 명부 비례대표제인가 아니면 개방형 명부 비례대표제인가이다.

참고로, 하승수 전 정치개혁연합 집행위원장은 연동형 비례대표제를 지지하던 입장에서 개방형 명부 방식의 완전 비례대표제를 지지하는 견해로 선회했다. 그는 유권자의 저항이 큰 국회의원 숫자 증가가 연동형 비례대표제 도입의 가장 큰 걸림돌이라고 주장한다. 국회의원 숫자를 늘리지 않고 이 제도를 도입하려면 지역구 숫자를 대폭 줄여야 하는데, 이 또한 현실적으로 어렵다고 본다. 아울러 1인 2표제가 존재하는 한 위성정당을 금지하기 어려우므로, 1인 1표제인 완전 비례대표제가 더 바람직하다고 주장한다(하승수, 2020).

하지만 그가 제시한 논점은 앞에서도 부분적으로 다루었듯이 생각만큼 그리 단순하게 정리할 수 있는 사안은 아니다. 국회의원 숫자 문제는 사회적 토론과 합의의 여지가 없다고 잘라 말할 수 없다. 지역구 숫자를 대폭 줄이는 것은 어렵지만, 지역구를 아예 폐지하는 것은 그리 어려운 일이 아니라고 할 수도 없다. 지역구를 폐지하긴 하지만 비례대표 선출 권역을 17개 시도를 기본으로 서울과 경기 지역을 더욱 세분하면 기존의 지역구를 손쉽게 전환할 수 있을 것이라는 그의 발상도 비판적 검토가 필요하다. 또한 1인 2표제가 유지되는 한 집합적 전략 분할투표 행위를 완전히 막을 방법은 없지만, 적어도 노골적인 위성정당의 등장은 막을 수 있고 또 그래야 한다는 점도 고려해야 한다.

〈표 15〉는 OECD 국가의 선거제도 현황을 보여준다. 표에 있는 OECD 36개국 중에서 개방형 명부 비례대표제를 채택하고 있는 곳은 그리스, 스웨덴, 스위스, 오스트리아, 벨기에, 칠레, 체코, 덴마크, 에스토니아, 핀란드, 라트비아, 룩셈부르크, 네덜란드, 노르웨이, 폴란드, 슬로바키아, 슬로

표 15 2022년 기준 OECD 국가의 선거제도

국가명	의석수 (단원/하원)	의원선출 방식 (단원/하원)	국가명	의석수 (단원/하원)	의원선출 방식 (단원/하원)
한국	300	단순다수대표 253, 준연동형 폐쇄형 명부 비례대표 47	그리스	300	개방형 명부 비례대표 288, 폐쇄형 명부 비례대표 12
영국	650	단순다수대표	헝가리	199	단순다수대표 106, 병립형 폐쇄형 명부 비례대표 93
미국	435	단순다수대표	아이슬란드	63	폐쇄형 명부 비례대표
프랑스	577	절대다수대표 (결선투표)	아일랜드	160	단기이양식 비례대표
독일 (2023~)	630	연동형 비례대표 (단순다수대표 299, 폐쇄형 명부비례대표 331)	이스라엘	120	폐쇄형 명부 비례대표
일본	465	단순다수대표 289, 병립형 폐쇄형 명부 비례대표 176	이탈리아	400	병립형 폐쇄형 명부 비례대표 245, 단순다수대표 147, 해외 명부 비례대표 8
스페인	350	폐쇄형 명부 비례대표 348, 단순다수대표 2	라트비아	100	개방형 명부 비례대표
스웨덴	349	개방형 명부 비례대표	리투아니아	141	절대다수대표 71, 병립형 개방형 명부 비례대표 70
스위스	200	개방형 명부 비례대표	룩셈부르크	60	개방형 명부 비례대표
캐나다	338	단순다수대표	멕시코	500	단순다수대표 300, 병립형 폐쇄형 명부 비례대표 200
호주	151	선호투표 (우선순위투표)	네덜란드	150	개방형 명부 비례대표
오스트리아	183	개방형 명부 비례대표	뉴질랜드	120	연동형 비례대표 (단순다수대표 72, 폐쇄형 명부 비례대표 48)
벨기에	150	개방형 명부 비례대표	노르웨이	169	개방형 명부 비례대표
칠레	155	개방형 명부 비례대표	폴란드	460	개방형 명부 비례대표
체코	200	개방형 명부 비례대표	포르투갈	230	폐쇄형 명부 비례대표
덴마크	179	개방형 명부 비례대표	슬로바키아	150	개방형 명부 비례대표
에스토니아	101	개방형 명부 비례대표	슬로베니아	90	개방형 명부 비례대표
핀란드	200	개방형 명부 비례대표	튀르키예	600	폐쇄형 명부 비례대표

출처: 중앙선거관리위원회 선거연수원(2022)에서 재구성

베니아 등 17개국이다. 폐쇄형 명부 비례대표제는 아이슬란드, 스페인, 이스라엘, 포르투갈, 튀르키예 등 5개국에서 실시하고 있다. 즉, 개방형 명부 또는 폐쇄형 명부 방식의 완전 비례대표제를 채택하고 있는 곳이 22개국이다. 여기에다 비례대표제의 특징이 지배적인 연동형 비례대표제를 채택하고 있는 독일과 뉴질랜드, 단기이양식 비례대표제(Single Transferable Vote, STV)를 채택하고 있는 아일랜드,[59] 병립형 비례대표 의석이 과반을 차지하는 이탈리아를 포함하면, 사실상 비례대표제를 주된 선거제도로 채택하고 있는 곳은 모두 26개국에 이른다.

나머지 10개국 중 한국, 영국, 미국, 헝가리, 일본, 캐나다, 멕시코 등 7개국은 단순다수대표제를 주요 선거제도로 채택하고 있다. 프랑스는 결선투표에 기초한 절대다수대표제를, 리투아니아는 절대다수대표제와 개방형 명부 비례대표제의 병립제를, 호주는 절대다수대표제에 가까운 선호투표제(Alternative Vote, AV)를 실시하고 있다. 여기서 단순다수대표제(Plurality Voting System)는 한 선거구에서 단순히 최다 득표한 후보가 당선되는 제도로, 과반수 득표를 당선 조건으로 하는 절대다수대표제(Majority Voting System)와 구별된다.

한편 연동형 비례대표제 또는 병립형 비례대표제를 시행하는 OECD 국가의 비례대표 의석비율은 다음과 같다. 독일 52.5%(331/630), 뉴질랜드 40%(48/120), 헝가리 46.7%(93/199), 일본 37.8%(176/465), 이탈리아 61.3%(245/400), 리투아니아 49.6%(70/141), 멕시코 40%(200/500). 현재 한국의 비례대표 의석비율은 15.3%(46/300)로, 위 국가 중 가장 낮은

---

59) 박동천(2000, 88)은 '단기이양식'이라는 통상적 번역이 오역일 수 있다며 이를 '선호이전식'으로 번역하자고 제안한다.

일본의 절반에도 못 미친다.

OECD 국가 중 준연동형 비례대표제를 도입하고 위성정당이 출현한 나라는 한국이 유일하다. 한국의 선거제도 개혁을 논의할 때, OECD 국가는 물론이고 세계 각국 선거제도의 역사적 변화 과정과 현황을 살펴보는 것은 많은 시사점을 제공할 것이다.

고양이에게 생선 맡기지 않기

선거제도 개혁 문제와 관련하여 빼놓을 수 없는 또 하나의 중요한 문제가 있다. 직접적인 이해당사자인 국회의원이 선거제도의 입안과 결정을 전적으로 좌우한다는 문제 말이다. 이해당사자가 자신을 선출하는 선거제도의 결정 권한을 갖는다면, 그 결과가 어떻게 될 것인지 너무나 뻔하다. 압도적 다수 의석을 차지한 양당이 선거제도를 자신에게 불리한 방향으로 개혁하리라 기대하기는 어렵다. 이러한 이해관계 상충을 막을 수 있는 제도적 대안이 필요하다.

참고할 수 있는 사례는 2015년 헌정 사상 처음으로 이해당사자인 국회를 벗어나 독립기구로 출범한 현행 국회의원선거구획정위원회이다. 이 기구는 2015년 6월 19일에 시행된 공직선거법 개정안에 따라 선관위에 설치되었으나 독립기구의 위상을 지닌다. 이 법에 따르면 국회는 이 위원회가 제출한 선거구획정안이 공직선거법에 명백히 위반되는 경우에 한해 한 번만 다시 제출을 요구할 수 있으므로 사실상 국회의 수정 권한은 없는 셈이다.

물론 독립적인 선거구획정위원회의 존재에도 불구하고 국회는 매번 늑장 처리를 반복하며 선거구 획정 시한을 어기는 위법행위를 저질러 왔다.

핵심 원인은 국회가 주로 선거를 목전에 두고 선거제도 논의를 거듭했고, 그 결과에 따라 선거구 획정의 전제인 의원정수, 선거구 크기, 당선인 결정 방식 등이 뒤늦게 정해졌기 때문이다. 즉, 선거구 획정이 국회의 선거제도 논의에 종속되었기 때문에 매번 같은 문제가 발생했다. 이 문제의 근본적인 해법도 선거제도 논의를 국회에 맡겨두는 것이 아니라 독립기구가 주도하는 것이다.

국가 운영의 핵심 축인 입법기관을 구성하는 선거제도는 민주주의의 근간이다. 따라서 모든 사회구성원의 폭넓은 합의가 요청된다. 폭넓은 합의에 도달하는 일이 쉽지는 않지만, 그렇기에 더더욱 제도 자체가 중립적이고 객관적이며 투명한 방식으로 설계될 필요가 있다. 이해당사자의 손을 떠나 독립적이고 공정한 기구가 논의의 주도권을 쥔다면 사회적 합의의 가능성은 더욱 높아질 수 있다.

독립적인 선거제도 논의 기구가 마련되면, 바람직하면서도 가능한 제도 대안을 치밀하게 모색하고, 충분한 논의와 광범위한 의사 수렴을 통해 새로운 선거제도 개편안을 마련할 수 있을 것이다. 정당과 국회의원도 이 과정에서 자신의 의견을 충분히 개진할 수 있을 것이나, 독립기구가 이끄는 사회적 논의와 합의의 결과를 따른다는 대전제를 조건 없이 수용하는 것이 선행되어야 한다.

10장 새로운 정치개혁운동과 민주주의의 발전

　제22대 총선을 앞둔 2024년 2월 21일에 발표된 더불어민주당의 위성정당 창당 합의문에는 '국민후보', '시민사회'라는 거창한 표현이 들어갔다. 이 합의문 제6항에 "국민후보 공모와 심사는 시민사회(연합정치시민회의)가 추천하는 위원이 중심이 되는 독립적인 심사위원회"가 맡는다는 내용이 있었다. 즉, 시민사회 대표를 자칭한 '연합정치시민회의'라는 급조된 조직이 4명의 비례대표 국회의원을 더불어민주당 위성정당에 추천하는 권한을 얻은 것이다.

비판적 시민사회의 구축을 위하여

　이 연합정치시민회의는 2024년 1월 23일에 발족한 '정치개혁과 연합정치를 위한 시민회의'의 약칭이다. 연합정치시민회의에는 대표적인 시민사회 단체 대표자들도 참가했다. 진영종 참여연대 공동대표가 공동운영위원장을, 이태호 참여연대 운영위원장은 공동상황실장을 맡았다. 그런데 참여연대는 2020년 총선 당시 무엇을 했던 단체인가?

그림 8 참여연대의 헌법소원 기자회견(2020.04.07.)　　　　　　출처: 참여연대

　참여연대는 제21대 총선 직전인 2020년 4월 7일 선관위의 위성정당 비례대표 후보자명부 수리는 위헌이라며 헌법소원을 청구했던 단체다. 당시 헌법소원 청구인은 참여연대 박정은 사무처장이었고, 피청구인은 선관위였다. 참여연대 정책자문위원장이었던 한상희 건국대 법학전문대학원 교수(현 참여연대 공동대표)는 위성정당 비례명부 수리 처분의 위헌성을 조목조목 설명한 바 있다.

　한상희 교수는 위성정당의 편법적인 창당이 "민주적 기본 질서에 정면으로 반하는 위헌적인 것일 뿐 아니라, 투표와 의석의 비례성을 강화할 것을 목표로 하는 개정선거법 본연의 목적과 취지 자체를 부정하는 위법한 조치"라고 보았다. 또한 그는 위성정당이 "정당으로서의 실체를 갖추지 못한 정당유사조직으로 우리 헌법 제8조와 정당법이 보장하고자 하는 그 "정당"(정당법 제2조)에 해당되지 않는다는 점에서 정당등록의 요건을 갖추지 못한 것"이라고 주장했다(한상희 2020, 5).

연합정치시민회의 참가자 중에는 민주노총 위원장 출신인 이수호, 김명환도 있었다. 민주노총은 김명환이 위원장을 맡고 있던 제21대 총선을 앞둔 시점에 "더불어민주당이 주도하는 비례연합 위성정당에 참여하는 정당에 대한 지지를 철회"하고 "민주노총 후보가 민주노총 지지 정당이 아닌 다른 정당과 후보단일화를 추진할 경우 민주노총 후보 자격을 상실한다"는 총선방침을 정한 바 있다.[60] 이뿐만 아니라 시민사회단체의 많은 인사들이 집단적인 기억상실증을 앓고 있다.

시민사회의 근간은 권력과 자본으로부터의 독립성이다. 이는 단순한 선언이 아닌 시민사회의 존재 이유이자 활동의 핵심 원칙이다. 그러나 오늘날 한국 시민사회 운동의 상당 부분은 이 근본 원칙을 저버린 채 특정 정당의 인재 양성소 또는 정치적 도구로 전락했다. 특히 일부 시민단체들은 더불어민주당의 외곽 조직이나 다름없는 행태를 보임으로써 시민사회의 본질적 기능인 권력 감시와 견제를 무력화하는 주범이 되고 있다.

시민사회의 변질과 타락이 하루아침에 일어난 것은 아니다. 그러나 시민사회의 핵심 집단과 개인들이 지난 두 차례의 총선에서 위성정당의 들러리 역할을 자처하면서 그 가치와 역할의 회복이 더욱 어려울 정도로 심각하게 훼손되었다. 이제 시민사회가 거대 양당과의 유착 관계를 과감히 단절하고 비판적 태도를 회복할 수 있을지가 건강한 시민사회 구축의 시금석이 될 것이다. 정치권 진출을 꿈꾸며 거대 양당의 눈치를 보는 시민단체 대표자들이 어떻게 권력을 제대로 비판하고 견제할 수 있겠는가?

이러한 맥락에서 비판적 시민사회의 구축이 절실히 요구된다. 비판적 시민사회는 단순히 비판적 시민성을 지닌 시민들의 집합이 아니다. 비판

---

60) 민주노총도 '민주당 비례연합정당' 놓고 내홍, 매일노동뉴스, 2024.02.16.

적 시민사회는 다양한 시민사회 조직들이 유기적으로 연결되어 사회 전반에 걸쳐 비판적 기능을 수행하는 하나의 강력한 생태계라고 할 수 있다. 이 생태계 속에서 개인의 비판적 사고와 적극적 참여는 시민단체, NGO, 언론, 학술기관 등을 통해 증폭되고 체계화되어야 한다.

비판적 시민사회의 구성원들인 우리는 서로 협력하되 동시에 견제하는 긴장 관계를 유지해야 한다. 우리는 권력기관에 대한 감시와 비판을 주저하지 말아야 하며, 사회정치적 이슈에 대한 대안을 적극적으로 제시해야 한다. 또한 시민들의 비판적 역량을 강화하기 위한 교육과 정보 제공에도 힘써야 한다. 물론 이는 쉬운 일이 아니다. 권력과 자본의 유혹은 언제나 존재하며, 시민사회가 이로부터 완전히 자유롭기는 어렵다. 따라서 이를 끊임없이 경계하고 감시하며 비판하는 것이 필요하다. 비판적 시민사회의 구축은 민주주의의 질적 향상과 사회의 지속적인 발전을 위한 필수 조건이다.

다시 제3지대 구축을 위하여

그러나 건강한 시민사회의 형성만으로는 한국 정치의 근본적인 문제를 해결하기 어렵다. 양당의 영향력에서 벗어난 독립적인 진보 정치세력과 그 기반을 만드는 일, 즉 흔들림 없는 제3지대를 구축하는 것이 절실하다. 제3지대는 구체적으로 제3정당을 가리킬 수 있고, 포괄적으로는 제3의 정치세력과 그 정치적 토대를 의미할 수도 있다.

제22대 총선 결과가 발표되자 "한국 정치가 다시 300 대 0으로 돌아갔다"는 탄식이 나오기도 했다.[61] 2004년 민주노동당이 10명의 국회의원을

---

61) 박권일, '300 대 0'의 의미, 한겨레, 2024.04.19.

배출한 지 20년 만에 진보정당의 국회의원이 국회에서 사라졌기 때문이다. 그러나 이는 한순간에 벌어진 일이 아니다. 독립적인 제3세력으로서 진보정치의 존재감은 꾸준히 낮아져 왔고, 2024년 총선에서 그 최저점을 찍었을 뿐이다.

예를 들어, "독자 정당의 성격이 전략이고 후보단일화가 전술이어야 하는데, 정의당의 총선전략은 후보단일화 등 야권연대가 '전략'이고 조건이 맞지 않아 독자 완주하는 게 '상황적 전술'인 것으로 비춰진 것"(정종권 2016, 43)이라는 평가는 2016년 제20대 총선 직후에 나왔다. 이전의 진보정치가 제3세력으로서의 독자적인 전략을 지니지 못한 채 불완전한 자립 상태였음을 꼬집은 것이다. 제22대 총선 시기의 정의당에서도 이런 흐름은 나타났다. 배진교 녹색정의당 원내대표는 위성정당 참여를 적극 주장했다. 당내에서 이 의견이 결과적으로 힘을 받지 못하자 2024년 2월 14일 그는 원내대표직을 사퇴했다.

과거 진보정당으로 분류되던 정의당 이외의 소수정당들은 노동당을 제외하면 모두 위성정당에 연루되거나 참여했다. 녹색당은 제21대 총선에서 당원 총투표로 위성정당 참여를 결정했으나 결과적으로 참여하지 못했다. 진보당은 제22대 총선에서 위성정당에 참여했을 뿐 아니라 지역구 선거에서도 더불어민주당과의 선거연합에 총력을 기울였다. 기본소득당은 지난 두 차례 총선에서 위성정당 창당에 앞장서며 위성정당 재선 의원까지 배출했다. 독자적인 정치운동을 추구하는 현재의 정의당, 녹색당, 노동당이 명실상부한 제3지대 정치세력으로 거듭날 수 있을지는 예측하기 어렵다. 분명한 것은 진보정당이라는 이름만으로도 곧 제3지대의 독립적인 정치세력임을 말해주던 시대가 끝났다는 사실이다.

제3지대는 단순히 기존 양대 정당에 대한 반정립으로만 이루어질 수 없다. 양당체제를 혁파할 수 있는 새로운 정치 패러다임을 제시하는 세력이 제3지대의 주역이 될 것이다. 거대 양당 내부의 권력 다툼에서 패배한 후 떨어져 나와 복귀와 재기를 노릴 뿐인 세력, 당장은 누구보다 양당 비판에 열을 올리지만 결국은 다시 양당에서의 자리를 기웃거리는 이들은 제3지대 정치세력의 구성원이 될 수 없다. 양당의 보수정치와 그 영향력에 포획된 기생적 정치세력의 한계를 뛰어넘어 시민들의 다양한 요구를 수용하고, 사회의 복잡한 문제들을 해결할 수 있는 새로운 정치 모델을 만들어내는 세력이 제3지대 정치를 주도하게 될 것이다.

　무너진 제3지대를 다시 구축하기 위해서는 다양한 영역에서 교두보를 확보하는 일이 필요하다. 이는 단순히 선거에서의 성과만을 의미하는 것은 아니다. 시민들의 신뢰와 지지를 바탕으로 견고한 사회적, 정치적 기반을 구축할 수 있는 다양한 영역의 플랫폼이 요구된다. 이를 위해서는 먼저 기존 정당들과 차별화된 정책과 비전이 활발히 토론될 수 있는 공론장이 만들어져야 한다. 다중 격차와 불평등, 이민과 사회통합, 기후변화, 국제평화와 안보에 이르기까지 현대 사회의 핵심 이슈들에 대해 혁신적이면서도 실효성 있는 해법들이 이 공론장을 통해 제시될 수 있어야 한다.

　제3지대는 또한 새로운 정치문화를 앞장서 만들어야 한다. 기존의 진영 논리와 선악의 대립 구도를 넘어서 합리적 토론과 논쟁을 통해 사회적 합의를 이끄는 정치 방식을 제시해야 한다. 이를 통해 시민들이 정치에 대한 새로운 희망을 발견할 수 있도록 해야 한다. 아울러 제3지대가 자리 잡기 위해서는 시민사회와의 건강한 협력 관계도 중요하다. 시민사회는 제3의 정치세력에 대한 감시와 견제 역할을 하면서 동시에 시민의 요구를 적극적으로 전달하고 정책을 제안하는 역할을 수행해야 한다. 제3지대는 이러한 관계 형성을 통해 시민들의 목소리를 더욱 효과적으로 정치에 반영할 수 있을 것이다.

　결론적으로, 한국 정치의 현 위기를 극복하고 더 나은 민주주의를 실현하기 위해서는 비판적 시민사회를 활성화하고 제3지대를 구축하는 일이 동시에 이루어져야 한다. 이는 시민들의 지속적인 관심과 참여뿐만 아니라 제3지대 형성에 적극적으로 나서고자 하는 정치 주체들의 결단이 필요한 일이다. 한국의 민주주의가 위성정당 체제를 극복하고 질적으로 도약하기를 바라는 모든 이가 바로 그 주체가 될 수 있다. 시민사회와 제3지대의 상호 견제와 협력 속에서 한국의 새로운 정치 지평을 여는 과제가 우리 앞에 놓여 있다.

정치개혁운동의 새로운 출발을 위하여

　새로운 정치 지평을 열기 위해 정치개혁운동도 다시 시작해야 한다. 기존의 정치개혁운동은 사실상 파산선고를 받았다. 2022년 10월 26일 발족 기자회견을 갖고 출범한 '2024정치개혁공동행동'은 전국 695개 노동·시민·사회단체를 망라한 조직이었다. 하지만 이 조직은 2024년 제22대 총선에서 별다른 역할을 하지 못했다. 이 단체의 핵심을 이루어 온 참여연대, 한국진보연대, 민주노총 등이 더불어민주당의 위성정당 창당에 직간접적으로 연루되면서 정치개혁운동이 내부로부터 무너져 내렸기 때문이다.

　2024정치개혁공동행동은 10대 정치개혁 과제를 제시하면서 비례성이 높은 선거제도 도입을 명시했고, 이를 위해 위성정당 방지 규제조항의 신설도 과제로 포함했다. 하지만 국민의힘에 이어 더불어민주당도 다시 위성정당 창당에 나서게 되면서 이 단체는 위성정당에 대한 분명한 견해를 밝히지 못했다. 심지어 2024년 2월 5일 더불어민주당 이재명 대표가 다시

그림9 2024정치개혁공동행동-진보4당 기자회견(2024.01.30.)   출처: 2024정치개혁공동행동

위성정당을 만들겠다는 계획을 밝히자마자 이들이 내놓은 '민주당 준연동형 비례제 유지 결정에 대한 입장'은 도무지 앞뒤가 맞지 않았다.

이 입장문의 제목부터 문제가 있었다. 위성정당 재창당 계획 발표를 준연동형 비례대표제 유지 결정으로 호도했기 때문이다. 더욱이 입장문은 "더불어민주당의 준연동형 비례제 유지 결정은 한 발 한 발 진전시켜 온 비례성과 다원성을 위한 정치개혁의 불씨를 꺼뜨리지 않았다는 점에서도 의미가 있다"고 평가했다. 그러나 지금까지 면밀히 검토한 바와 같이, 위성정당의 등장으로 준연동형 비례대표제가 무력화되면서 그동안의 정치개혁 노력이 무산되었다는 사실은 명백하다.

한편 입장문은 "비례성과 대표성을 높이기 위해 추진해 온 선거제 정치개혁이 더 이상 진전되지 못하고 다시 위성정당이 출현하는 상황은 유감스럽다"고 밝혔다. 또한 이재명 대표가 언급한 '준위성정당'이 "기존의 위

성정당과 어떻게 다른지 명확하지 않다"는 지적을 덧붙였다.[62]

이들의 입장은 두 가지로 요약할 수 있다. 위성정당 창당에는 부정적 입장을 보이면서도 공직선거법의 준연동형 비례대표제 유지 결정은 긍정적으로 평가한다는 것이다. 그러나 이 두 입장은 서로 모순된다. 현행 준연동형 비례대표제는 위성정당을 방지하지 못하는, 형식만 남은 제도이기 때문이다.

위성정당으로 인해 실효성을 잃은 제도를 지지하는 이유는 무엇인가? 다음 총선에서도 공직선거법은 그대로 둔 채 위성정당을 만들면, '비례성과 다원성을 위한 정치개혁의 불씨'가 살아있다며 또다시 지지 입장을 표명할 것인가?

제22대 총선이 끝나고 2024정치개혁공동행동의 활동을 마무리하는 공동대표단체 대표자회의가 2024년 4월 23일 열렸다. 소속 단체인 '민주사회를 위한 변호사모임'은 2024정치개혁공동행동의 주요 소속 단체가 연합정치시민회의를 구성하고 더불어민주당 위성정당 더불어민주연합의 비례대표 후보 선출 과정에 참여한 행위에 대한 평가와 공식적인 입장 발표를 요구했다. 시민사회가 사실상 위성정당 창당에 정당성을 부여하는 행위를 했다는 비판에 대해 답변해야 한다는 요청이었다. 하지만 이후 어떤 공식 입장도 나오지 않았다.

2024정치개혁공동행동은 주요 소속 단체가 정치개혁에 역행하는 위성정당 창당 행위에 관여했음에도 결국 아무런 비판적 평가도 하지 않고 자신의 활동을 마무리했다. 새로운 정치개혁운동이 시작되어야 하는 이유는 바로 여기에 있다. 새로운 정치개혁운동은 기존의 정치개혁운동에 대한 비판적 평가에서 출발할 수밖에 없다. 구체적 실행 의지 없이 수사만 나열

---

62) 민주당 준연동형 비례제 유지 결정에 대한 입장, 2024정치개혁공동행동, 2024.02.05.

하거나 심지어 자신이 밝혀 왔던 정치개혁운동의 원칙을 거스르는 이들이 새로운 정치개혁운동을 이끌기는 어려울 것이다. 위성정당 사태의 본질에 대한 뚜렷한 문제의식을 지니고 정치개혁의 새로운 목표를 공유하는 모든 이들이 앞으로 일관된 정치개혁운동에 나서야 한다.

새로운 정치개혁운동의 동력은 주권자로부터

그렇다면 새로운 정치개혁운동의 동력은 어디에서 찾을 수 있는가? 주권자의 의견에 귀를 기울이는 것이 그 출발점이다. 양당은 위성정당을 허용하는 준연동형 비례대표제로 지난 두 차례 총선을 치렀다. 다수 유권자가 양당과 그 위성정당에 표를 몰아주었다는 사실을 부정할 수는 없다. 하지만 이러한 투표 결과를 유권자 다수가 위성정당 체제에 순응한 것으로 받아들일 수는 없다. 다수 유권자가 별다른 대안이 없는 상태에서 선택을 강요받았다고 볼 수 있다. 일관되게 현행 선거제도의 변화를 바라고 있는 일반 시민과 전문가 다수의 의견이 이를 뒷받침한다.

우선 제21대 총선 직후 한국정당학회 주관으로 실시한 유권자 설문조사

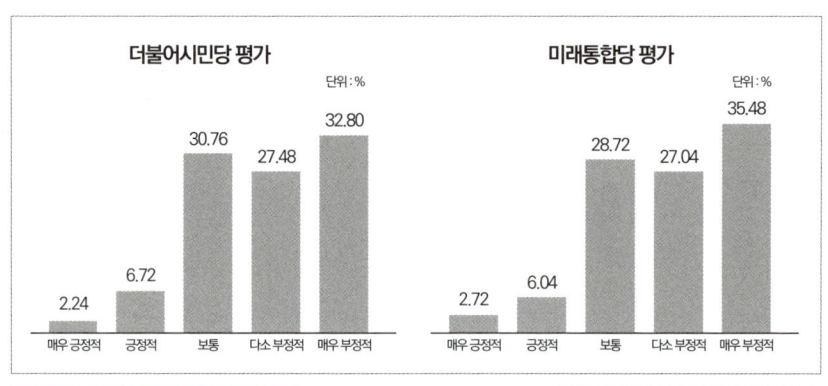

그림 10 위성정당 창당에 대한 평가 출처: 길정아·하상응(2023, 107)

결과를 살펴보자. 이 설문조사는 지역별, 성별, 연령별, 학력별 비례할당추출 방식으로 표집된 2,500명의 응답자에게 직접적으로 두 위성정당의 창당에 대한 평가를 질문했다. 그 결과 더불어시민당에 대해 긍정적으로 평가한 응답자는 8.96%(매우 긍정적 2.24%, 다소 긍정적 6.72%), 부정적으로 평가한 응답자는 60.28%(다소 부정적 27.48%, 매우 부정적 32.80%)로 나타났다. 미래한국당에 대해 긍정적으로 평가한 응답자는 8.76%(매우 긍정적 2.72%, 다소 긍정적 6.04%), 부정적으로 평가한 응답자는 62.52%(다소 부정적 27.04%, 매우 부정적 35.48%)였다(길정아·하상응 2023, 107). 전체 응답자를 대상으로 한 조사에서 두 위성정당에 대한 부정적 평가가 긍정적 평가보다 모두 비슷한 수준으로 크게 높았음을 알 수 있다.

그렇다면 양당 지지자는 자신이 지지하는 정당이 만든 위성정당에 대해 어떤 태도를 보였을까? 더불어시민당에 대해 긍정적으로 평가한 더불어민주당 지지 응답자는 17.19%(매우 긍정적 5.33%, 다소 긍정적 11.86%), 부정적으로 평가한 더불어민주당 지지 응답자는 49.27%(다소 부정적 28.45%, 매우 부정적 20.82%)였다. 한편 미래한국당에 대해 긍정적으로 평가한 미래통합당 지지 응답자는 33.13%(매우 긍정적 13.19%, 다소 긍정적 19.94%), 부정적으로 평가한 미래통합당 지지 응답자는 39.57%(다소 부정적 22.09%, 매우 부정적 17.48%)로 나타났다(길정아·하상응 2023, 109). 더불어민주당 지지자라 해도 자신의 지지 정당이 만든 위성정당을 매우 부정적으로 평가했다. 반면 미래통합당 지지자는 이와 비교해 긍정적 평가가 상대적으로 높았고 부정적 평가는 상대적으로 낮았다. 하지만 미래통합당 지지자 사이에서도 자신의 지지 정당이 만든 위성정당에 대한 부정적 평가가 긍정적 평가보다 6.44% 포인트 높게 나타났다는 점을 간과할 수 없다.

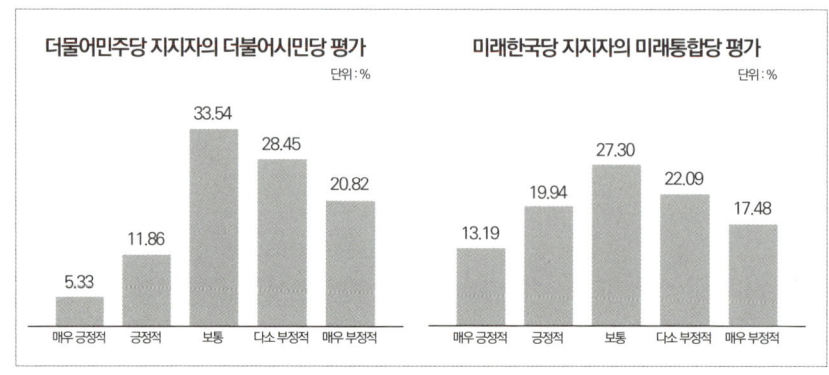

그림 11 응답자의 정당 선호에 따른 위성정당 평가　　출처: 길정아·하상응(2023, 107)

앞에서 위성정당에 대한 직접적 태도를 살펴보았다면, 위성정당이 출현한 준연동형 비례대표제 자체에 대한 시민들의 생각은 어떠했을까? 2020년 3월 26~27일 KBS가 리서치뷰에 의뢰해 전국 만 18세 이상 1,000명을 대상으로 '준연동형 비례대표제 도입 취지가 훼손돼 향후 이를 폐지해야 한다는 의견을 어떻게 생각하나'라고 묻는 질문에 대해 '동의한다'는 응답이 69.8%, '동의하지 않는다'는 응답이 30.2%로 나왔다. 2020년 4월 17일 YTN이 리얼미터에 의뢰해 전국 만 18세 이상 유권자 500명을 대상으로 준연동형 비례대표제에 대한 의견을 조사한 바에 따르면, 응답자의 44.7%가 '제도를 유지하되 문제점을 개선해야 한다'고 답했고, '제도를 폐지해야 한다'는 응답도 42.5%에 달했다.

이처럼 위성정당이 처음 등장한 제21대 총선을 전후한 여론조사에서 다수 여론은 위성정당이 출현한 준연동형 비례대표제를 무조건 손봐야 한다는 의견에 힘을 실었다. 그 이후 선거제도 개혁에 관한 여론 동향은 얼마나 바뀌었을까? 2023년 11월 15~17일 CBS 노컷뉴스가 알앤써치에 의뢰해 전국 만 18세 이상 1,021명을 대상으로 위성정당 금지법에 대한 의견을 물은 결과, 찬성이 53.7%로 반대 31.5%보다 훨씬 우세했다. 2024년 3월

26일 천지일보가 코리아정보리서치에 의뢰해 전국 만 18세 이상 1,052명을 대상으로 현행 준연동형 비례대표제의 개선 필요성에 대해 질문한 결과, '개선해야 한다'는 응답이 54.3%, '유지해야 한다'는 응답이 27%, '잘 모르겠다'는 응답은 18.7%로 나타났다. 여전히 현행 선거제도를 개선해야 한다는 것이 다수 여론이었다. 하지만 정치권은 이러한 민심에 아랑곳하지 않았다. 그리고 제22대 총선에서 위성정당이 다시 출현했다.

　선거제도에 대한 낮은 인지도 역시 선거제도 개혁의 필요성을 뒷받침한다. 2024년 4월 11일~5월 1일 선관위가 한국갤럽조사연구소에 의뢰해 전국 만 18세 이상 1,639명을 대상으로 준연동형 비례대표제 인지 여부를 질문한 결과, '알고 있었다'가 52.7%, '몰랐다'가 47.3%로 나타났다. 그리고 '알고 있었다'고 응답한 864명에게 다시 준연동형 비례대표제의 의석배분 방식 인지 여부를 물은 결과, '알고 있었다'가 53.0%, '몰랐다'가 47.0%로 나타났다. 즉, 여론조사 응답자 가운데 준연동형 비례대표제가 의석을 어떻게 할당하는지 알고 있었던 사람은 약 28%에 불과했다. 유권자 10명 가운데 자신의 표가 어떻게 비례대표 의석에 반영되는지를 아는 사람이 3명도 채 되지 않는 제도를 그대로 두기는 어렵다. 단순히 홍보 부족만의 문제는 아닐 것이다. 양당이 위성정당을 만들고 대신 비례대표 선거에 불참하는 초유의 사태를 일으키면서 선거제도의 혼란이 가중된 것도 적지 않은 역할을 했을 것이다.

　한편 관련 전문가의 의견에도 귀를 기울일 필요가 있다. 마침 국회 정치개혁특별위원회는 2023년 8월 29일 국회의원 선거제도 개편 관련 전문가 설문조사 결과를 발표했다. 이 조사는 한국정치학회와 한국공법학회 회원을 대상으로 했으며 전체 응답자는 489명이었다. 우선 현행 준연동형 비례대표제에 대해서는 응답자의 68%가 만족하지 않는다고 답했다. '위성정당 창당으로 인한 제도 취지 약화'를 불만족의 이유로 꼽은 응답자가 전체의 43%로 가장 많았다. 아울러 국회의원 정수를 현행 300명으로 고정한 상태라면 '지역구 의원 수는 줄이고 비례대표 의원 수는 늘리는 것이 좋다'는 응답은 57%였고, '지역구 의원 수는 늘리고 비례대표 의원 수는 줄이는 것이 좋다'는 응답은 23%에 불과했다. 또한 국회의원 정수의 적절성에 관한 질문에는 늘리는 것에 47%, 현행 유지에 27%, 줄이는 것에 26%가 찬성하는 것으로 나타났다.[63] 즉, 위성정당 문제는 어떻게든 해결하는 선거제도를 만들되 국회의원 정수를 늘리며 비례대표 의석을 확대하는 것이 전문가 다수의 의견임을 알 수 있다.

'삶은 개구리 증후군'에서 벗어나기

한국의 민주주의는 위성정당이라는 풍랑을 맞아 커다란 위기에 봉착했다. 하지만 이를 대수롭지 않게 생각하는 사람도 많다. 위기로 인정하지 않는 정치세력도 있다. 위성정당을 통해 선거연합을 이루어내고 위대한 승리를 이뤄냈다며 자화자찬, 자아도취에 빠진 세력도 있다. 위기에 무감각한 이들의 존재가 바로 위기의 또 다른 징표다. 개구리가 있는 찬물을 아주 서서히 데우면 위험을 인지하지 못한 개구리가 결국은 삶겨 죽는다고 알려져 있다. 과학실험 결과는 이와 다른 결론을 제시하기도 하나, 아무튼 서서히 증가하는 위험에 둔감한 '삶은 개구리 증후군(boiled frog syndrome)'을 앓고 있는 사람이 많다.

미국 하버드대학교 정치학과 교수인 스티븐 레비츠키(Steven Levitsky)

---

63) 정개특위 "선거제도 전문가 57%, 비례대표 확대 필요", 국회뉴스ON, 2023.08.29.

와 대니얼 지블랫(Daniel Ziblatt)은 민주주의가 군부 쿠데타와 같은 사건으로 순식간에 무너질 수도 있지만, 또 다른 형태의 죽음, 즉 국민이 선출한 지도자의 손에 의해 합법적으로 서서히 죽음을 맞이할 수도 있다고 경고한다(Levitsky and Ziblatt 2018). 이들은 이 책에서 미국의 민주주의를 수호하던 보호장치들이 트럼프 행정부 등장 이후 어떻게 하나씩 붕괴했는지를 생생히 묘사한다. 한국에서도 이와 비슷한 일이 벌어지고 있다. 하지만 윤석열 대통령 취임 이후에만 그런 징조가 나타난 것은 아니다. 여야의 위치가 뒤바뀌었음에도 위성정당 사태가 똑같이 벌어졌다는 사실이 대표적인 예다.

민주주의의 바탕이 조금씩 무너지고 있다는 사실을 제대로 인지하지 못하는 사람이 많다. 정확하게 무슨 일이 일어나고 있는지 알아차리기도 쉽지 않다. 많은 이들은 여전히 우리가 민주주의 사회에 살고 있다고 믿고 있다. 민주주의가 야금야금 무너지고 있다는 사실을 너무 뒤늦게 깨닫는다면, 사태는 이미 돌이키기 어려울 수도 있다. 늦었지만 더 늦기 전에 삶은 개구리 증후군에서 벗어나야 한다. 위성정당 사태가 불러온 민주주의의 위기는 나와 상관없는 대수롭지 않은 일일 수 있다. 하지만 '나'가 '우리 모두'가 되면 문제는 달라진다. 민주주의의 본질적 가치를 되새기며, 이를 유지하고 발전시키기 위한 근본적인 대안을 고민하고, 새로운 길을 함께 모색할 때가 왔다.

좀비 민주주의를 넘어 새로운 민주주의로

위성정당의 출현은 단순히 선거제도의 허점을 악용하는 것을 넘어 대의 민주주의의 근간을 뒤흔드는 심각한 문제다. 이는 유권자의 의사를 왜곡하고, 정당의 존재 자체에 의문을 제기하며, 정당정치의 책임성을 약화할 뿐 아니라 궁극적으로 민주주의의 질적 수준을 떨어뜨린다. 이 사태를 직접 주도하고 가담한 정치권과 시민사회 일각뿐만 아니라 우리 모두에게 민주주의의 기본 원칙과 가치가 무엇인지 되돌아보고 성찰할 수 있는 계기와 시간이 필요하다.

민주주의는 단순히 때마다 찾아오는 선거에 정당과 후보가 참여하고 유권자가 표를 던지는 일로 환원되지 않는다. 정당과 선거 민주주의를 포함하여 권력의 견제와 균형, 법치주의의 확립, 소수자와 약자의 권리 보호, 언론과 집회·결사의 자유 등 수많은 목록이 민주주의와 엮여 있다. 정당과 선거가 포괄하기 어려운 다양한 영역에서의 참여와 숙의도 성숙한 민주주의에 빠질 수 없는 요소이다. 이러한 매우 다양하고 복합적인 요소들이 조화롭게 작동할 때 비로소 건강한 민주주의가 가능하다. 위성정당이 이러한 민주주의의 기본 원칙과 가치를 어떻게 훼손했는지 그 과정을 되짚어 보면서 비판적 인식을 공유하고, 이를 바로잡기 위한 실천 방안을 모색하는 토론이 필요하다.

위성정당 체제와 과감히 단절하는 것을 시작으로 정당 민주주의와 선거 민주주의의 발전을 이룩하기 위해서는, 무엇보다 다양한 사회적·정치적 균열을 대표하는 정당들이 공정한 경쟁을 펼칠 수 있는 제도적 토대가 마련되어야 한다. 비례대표제 확대가 그 중심에 있다. 지역구 중심의 선거제도는 양당제를 고착화하고, 양당제는 다시 지역주의를 심화시키는 부작용을 낳으며 거대 양당의 기득권을 유지하고 강화해 왔다. 비례성을 획기적으로 높이는 방향으로의 선거제도 개혁은 다양한 목소리를 정치권에 반영하고 사회적 갈등을 합리적으로 조정하는 기회를 제공할 수 있다.

선거제도뿐만 아니라 정당 및 의회제도 등 정치제도 전반에 걸친 혁신

방안도 본격적으로 논의해야 한다. 우선 위성정당이 또다시 등장할 수 없도록 관련 법과 제도를 정비하는 것이 필요하다. 온전한 연동형 비례대표제 또는 완전 비례대표제의 도입, 결선투표제의 시행, 국고보조금 제도의 정비, 의원 특권의 축소, 의회 견제 기능의 강화 등 다양한 제도 개혁 과제들을 다시 검토하면서 대안을 마련하고, 이에 대한 사회적 공감대를 넓혀가야 한다. 이러한 제도 개혁은 정치의 민주적 대표성, 책임성, 효율성을 높이면서 민주주의를 질적으로 발전시키는 토대가 될 수 있다.

정당 내부 민주주의 강화와 공직 후보 공천 과정의 투명성 및 민주성 제고도 요구된다. 정당이 당원과 시민의 의사를 수렴하고 이를 정책으로 구체화하는 기능을 회복할 때, 정치에 대한 신뢰가 상승할 것이다. 나아가 정당의 책임 있는 정치 구현을 위해 공약과 정책 이행에 대한 체계적인 모니터링 시스템 구축이 필요하다. 또한 이해당사자, 전문가, 관련 시민사회단체 등이 정책 결정 과정에 실질적으로 참여할 수 있는 통로를 보장하는 것이 중요하다. 형식적 의견 수렴을 넘어 정책의 입안부터 집행, 평가에 이르기까지 전 과정에 걸쳐 다양한 주체들의 참여와 협력이 이루어지는 시스템이 구축된다면, 이를 통해 정책의 질적 수준을 높이고 민주적 정당성을 확보할 수 있을 것이다.

선거 중심의 절차적 민주주의를 넘어 폭넓은 시민참여와 공론화에 기초한 참여 민주주의, 심의 민주주의 확대도 필요하다. 주요 쟁점 사안에 대해 시민배심원제, 공론조사, 시민의회 등 다양한 참여 및 숙의 기제를 마련하여 사회 각계의 목소리를 수렴하고 사회적 합의를 이끌 수 있다. 이러한 참여와 숙의 민주주의 요소들은 대의 민주주의의 한계를 보완하고, 정책의 정당성과 수용성을 높이는 데 크게 기여할 수 있다. 특히 복잡하고 첨예한 사회 갈등 사안에 대해 시민들의 숙의된 의견을 청취하고 반영함으로써 보다 균형

잡힌 정책 결정이 가능해질 것이다. 더불어 이러한 과정을 통해 시민들의 정치 참여 의식과 민주적 역량이 강화되어 장기적으로는 민주주의의 질적 향상으로 이어질 수 있을 것이다.

시민사회가 떠맡아야 할 책임과 의무도 막중하다. 정부와 의회를 감시하고 비판하는 견제자로서 제 역할을 다할 수 있도록 시민사회 전반의 독립성과 자율성을 제고하는 일, 시민사회와 정치권 사이의 바람직하지 못한 유착 관계를 단절하고 건전한 긴장 관계를 유지하는 일, 정부나 의회가 간과할 수 있는 사회적 이슈들을 발굴하여 공론화하는 일, 시민의 자발적이고 능동적인 정치 참여가 활성화될 수 있도록 시민사회 조직 자체의 제도적 기반을 마련하는 일, 민주주의의 가치와 중요성을 일깨우고 시민의 민주적 역량을 키우는 민주시민교육을 활성화하는 일 등이 과제 목록에서 빠질 수 없다.

위성정당 사태로 표출된 한국 민주주의의 위기를 극복하고 민주주의의 질적 도약을 이루기 위해서는 정치제도 전반의 근본적인 개혁과 더불어 시민사회의 쇄신과 개별 시민의 인식 전환, 이를 뒷받침하는 교육과 문화의 혁신 등이 종합적이고 유기적으로 이루어져야 한다. 물론 이는 단기간에 이루어질 수 있는 과제가 아니다. 장기적 안목에서 지속적이고 집합적인 노력과 인내가 발휘되어야 한다. 무엇보다 중요한 것은 시민 모두가 민주주의의 주인으로서 이러한 위기의식을 공유하고 그 해법을 함께 모색하겠다는 확고한 의지를 갖는 것이다. 정당과 정치인, 시민사회단체, 언론, 학계, 그리고 개별 시민에 이르기까지 사회의 각 주체가 함께 민주주의의 본질과 가치에 대해 깊이 성찰하고, 이를 바탕으로 주어진 문제의 해법을 찾아 서로 협력하며 자신의 책임을 다할 때, 비로소 우리는 '좀비 민주주의'라는 무덤에서 벗어나 민주주의의 새로운 부활을 마주할 것이다.

에필로그 | 예기치 못한 주역과 위성정당 너머의 시대

2023년 11월 24일 기본소득당은 개혁연합신당 추진 계획을 발표했다. 11월 30일에는 기본소득당을 필두로 몇몇 정치세력이 참여하는 개혁연합신당 추진 합의문이 발표되었다. 이후 개혁연합신당은 새진보연합으로 이름을 바꾸면서 더불어민주당의 위성정당 창당을 호소했다. 계획대로 새진보연합은 더불어민주당의 위성정당에 참여했고, 그 대가로 의석을 챙겼다. 기본소득당은 2020년 총선에 이어 2024년 총선에서도 위성정당에 올라타 원내 진출에 성공했다.

예기치 못한 위성정당 주역의 등장

2024년 1월 12일, 개혁연합신당 추진협의체의 국가혁신자문위원회 첫 번째 전체회의가 열렸다. 이 자문위원회는 겉으로는 단지 정책 자문을 위한 평범한 조직처럼 보일 수도 있었다. 하지만 위성정당의 순조로운 창당을 돕기 위해 다양한 논리를 제공하고 분위기를 조성하는 역할도 했다. 실제로 그런 인물들이 이 자문위원회에 참가했다. 노무현 정부 당시 청와대

정책실장을 지냈던 이정우 경북대학교 경제통상학부 명예교수가 자문위원장을 맡았다. 이날 자문위원장 외 24명의 자문위원 명단이 공개되었는데, 그 가운데 눈에 익은 이름들이 꽤 있었다.

이재명 더불어민주당 대표의 측근으로 분류되는 강남훈 사단법인 기본사회 이사장, 현재 기본소득당 정책위원회 의장을 맡고 있는 금민 정치경제연구소 내안 소장, 안효상 기본소득한국네트워크(BIKN) 이사장 등이 그들이다. 강남훈 이사장은 2009년 기본소득한국네트워크가 출범할 당시부터 대표 역할을 맡았다. 2008년 초부터 2010년 말까지 사회당 대표를 지낸 필자는 이 네트워크의 운영위원으로 한동안 그와 함께 일했다. 금민 소장은 2006년 말부터 2008년 초까지 사회당 대표를 지냈고, 안효상 이사장은 2010년 말부터 2012년 초까지 사회당 대표를 지냈으므로 서로 모를 수 없는 사이다.

지금은 소수의 사람만 기억하는 사실이지만, 사회당의 전신은 1998년에 창당한 청년진보당이다. 2000년에 창당한 민주노동당보다 앞섰다. 이른바 '비판적 지지-민족해방파'의 기세가 여전히 등등했던 시절, 이들에 휘둘리지 않는 독립적인 진보정당의 꿈을 꾸는 청년 활동가들이 이 정당의 주축이었다. 현재의 기본소득당을 여전히 사회당의 후신으로 알고 있는 사람도 있지만, 사회당을 함께 했고 필자와 비슷한 관점을 갖고 있는 상당수는 2020년 총선에서 '위성정당파'로 변신한 기본소득당이 과거의 흐름과는 완전히 단절된 별개의 조직이라고 생각한다.

앞서 언급한 전직 사회당 대표 두 사람이 현재 기본소득당에 남아 있지만, 이들이 과거를 모두 대표하는 것은 아니다. 필자를 비롯해 나머지 전직 대표들은 일관되게 위성정당파로의 변신과정과 위성정당파로서의 정치행위에 대해 비판적이었다. 무엇보다 지난 수십 년간 민주당계와의 무원칙한 연합이라면 쌍심지를 켜고 비판의 목소리를 높였고, 이 때문에 비판적 지지파가 자리 잡았던 민주노동당 등과의 관계도 긴장과 갈등의 연속이었던 정치세력을, 더불어민주당의 위성정당 창당 알리바이를 제공하고 떡고물까지 챙긴 정치세력과 동일시하는 것은 쉽게 용납할 수 없는 일이다. 기본소득당은 그냥 더불어민주당 외곽의 친이재명계 분파이자 더불어민주당 위성정당파로 부르는 것이 적절하다.

  2024년 총선에서 기본소득당은 나름 치밀한 계획을 세워 위성정당 창당의 깃발을 들었다. 그런데 2020년 총선에서는 다소 우연히 찾아온 기회로 보일만한 요소가 있었다. 그래서인지 당시 기본소득당이 위성정당에 탑승하고 그 대가로 첫 원내 진출에 성공했다는 소식에 환호했던 이들은 당시 상황을 '길을 가다 지갑을 주운 것'으로 묘사하기도 했다. 하지만 기본소득당과 같은 위성정당파의 의석 획득은 본질적으로 정치 시스템의 허점을 악용하여 합법적인 외양을 두른 채 더불어민주당 지지자의 표를 갈취함으로써 이루어진 것이다. 참고로, 길에서 주운 지갑은 유실물에 해당한다. 형법 제360조 제1항에 따르면, 주운 사람이 이를 취하는 행위는 점유이탈물횡령죄로 처벌 대상이다.

  한편 2009년 기본소득한국네트워크의 창립 당시 운영위원이었던 필자는 기본소득지구네트워크(BIEN)의 평생회원이지만, 현재 기본소득한국네트워크의 회원은 아니다. 기본소득한국네트워크는 사실상 기본소득당의 자매조직으로 전락하고 말았다. 필자는 민주주의의 심화가 기본소득 도입의 바탕이 될 수 있고, 기본소득의 실현은 민주주의를 보다 성숙한 단계로 발전시킬 수 있다는 관점에서 기본소득을 지지해 왔다. 기본소득 실현을 앞당기겠다는 명분으로 민주주의에 역행하는 위성정당에 동참하고 지지를 호소하는 행위는 민주주의와 함께 가는 기본소득을 추구하는 관점에서

도저히 묵과할 수 없는 일이다.

　기본소득의 취지에는 공감하나 기본소득당이나 기본소득한국네트워크의 정치적 행보가 미심쩍어 기본소득과 거리를 두게 된 사람이 있을 수 있다. 그렇지만 기본소득 아이디어의 출현은 꽤 오랜 역사를 지니고 있다. 그 긴 역사 동안 다양한 이들이 다양한 이유로 기본소득을 지지하며 다양한 실험과 실천을 해 왔다. 기본소득은 수시로 명멸하는 몇몇 조직의 전유물이 아니다. 누구나 자신만의 방식으로 기본소득을 상상할 수 있고, 기본소득을 목적과 수단으로 한 정치를 꿈꿀 수 있다. 안타깝지만 민주주의를 저버리는 기본소득 위성정당파의 출현을 막는 법 따위는 없다. 이들을 비판하며 민주주의와 함께 가는 기본소득을 꿈꾸는 이들의 등장 또한 누구도 막지 못한다.

위성정당과 좀비 민주주의 너머의 시대

　한국의 민주주의는 위성정당 사태를 계기로 중대한 전환점에 서 있다. 이 사태는 민주주의가 형식만 남은 채 실질적 기능을 상실한 '좀비 민주주의'로 전락했음을 여실히 보여주었다. 좀비 민주주의란, 겉으로는 민주주의의 형식을 갖추고 있지만 내용상으로는 그 본질이 훼손된 상태를 의미한다. 이는 위성정당이 좀비처럼 출몰한 한국의 독특한 정치 체제를 일컫는 말이기도 하다. 다시 말해, 87년 체제의 한계와 민주적 규범과 실천의 미성숙이 만들어낸 결과물이 위성정당을 앞세운 한국의 좀비 민주주의다.

　위성정당 사태는 단순히 특정 정당이나 정치인의 잘못으로 치부할 수 없는, 한국 정치 시스템 전반의 취약성이 적나라하게 드러난, 민주주의의 근간을 뒤흔든 사건이다. 이는 단순히 선거제도의 허점이 악용된 일회적인, 우연적인 사건이 아니다. 한국 정치의 구조적 문제점들이 복합적으로 작용한 결과다. 거대 양당이 지배하는 정치구조, 정당의 책임성과 대표성 부족, 위성진보 또는 위장진보의 존재, 비판적 시민사회의 부재, 그리고 정치개혁에 대한 사회적 합의의 부족 등이 이 사태를 불러온 근본 원인으로 지목될 수 있다.

특히 공고한 양당체제는 한국 정치의 고질적인 문제점으로 지적되고 있었다. 이러한 체제에서는 다양한 목소리가 정치에 반영되기 어렵고, 정책경쟁보다는 진영 논리에 따른 피아(彼我)의 대결 구도가 쉽사리 형성된다. 또한 위성정당 사태를 통해 더욱 선명하게 드러난 위성진보 또는 위장진보의 존재는 진보 정치 발전의 걸림돌이 되었다. 이들의 존재 탓에 정치 생태계의 다양성 확보라는 목표는 더욱더 멀어졌다. 정치적 생존을 위해 양당체제를 마치 숙주로 삼는 전략을 선택한 이들 때문에 양당체제는 오히려 더 강한 흡입력을 갖게 되었다.

기득권 세력인 거대 양당 중심의 현 정치구조를 바꾸는 것이 정치개혁의 주요 과제라면, 그 개혁의 대상인 양당이 스스로 기득권을 내려놓고 변화에 동참하기를 기대할 수 있을까? 양당체제에 균열을 내고 새로운 정치질서를 구축하는 주요 동력은 결국 양당의 바깥에서 형성될 수밖에 없다. 독자적인 전망과 비전을 지닌 제3의 정치세력과 비판적 시민사회의 역할이 여기서 관건이 될 것이다. 위성정당을 앞세운 양당체제를 옹호하거나 이 체제에 기생하는 정치세력은 다당제 정치개혁과 민주주의의 발전을 논할 자격이 없다. 다당제 개혁을 말하는 위성정당파는 형용 모순의 존재다.

이 책은 좀비 민주주의를 극복하고 보다 성숙한 민주주의로 나아가기 위한 정치개혁의 새로운 방향에 관한 고민을 담았다. 제도 개혁의 측면에서는 비례대표 국회의원 의석비율의 획기적인 확대, 연동형 비례대표제 또는 완전 비례대표제의 도입, 결선투표제의 시행 등이 요구된다. 이를 통해 정치적 대표성을 높이고 다양한 목소리가 정치에 반영될 수 있는 토대를 마련할 수 있을 것이다. 또한 정당 내부 민주주의의 강화, 공천 과정의 투명성 제고, 선거공약 이행에 대한 체계적인 모니터링 등은 정당정치의 민주성과 책임성을 높이는 데 기여하는 방안이다.

그러나 이러한 제도 개혁만으로는 충분하지 않다. 거대 양당에 포섭되거나 양당으로 수렴되지 않는 독립적인 제3의 정치세력 형성은 물론 시민 개개인의 의식 변화와 적극적인 참여도 필요하다. 제3의 정치세력은 거대 양당이 실질적으로 대표하지 않는 시민을 대표하고, 이들이 다루지 않는 새로운 의제를 발굴하고 제시하며 정책 경쟁을 촉진하는 역할을 할 수 있다. 또한 시민들의 직접적인 정치 참여를 증진할 수 있는 시민사회조직을 강화하고 민주시민교육을 확산하는 일, 다양한 숙의 민주주의와 참여 민주주의 기제를 도입하고 지역 차원의 풀뿌리 민주주의를 강화하는 일 등도 중요한 과제이다.

현재 한국은 심각한 사회경제적 불평등, 기후변화와 환경 문제, 저출산 인구소멸 위기, 수도권 초집중화와 지방 소멸 위기 등과 같은 수많은 복합 위기를 겪고 있다. 이러한 위기는 단순한 기술적인 해결책 또는 단편적인 처방만으로는 극복하기 어렵다. 다양한 제도와 규범을 아우르면서 다양한 집단의 이해관계를 민주적 의사결정과 사회적 합의를 통해 조정해 나가는 지혜가 필요하다. 이를 위해서는 어느 때보다 살아 숨 쉬는 민주주의가 필요하다. 보다 민주적이고 대표성을 지닌 정치 시스템을 구축하여 이러한 도전에 응전하는 것이 시급하다.

이런 와중에 민주주의를 후퇴시키는 위성정당 사태가 벌어졌다. 더불어민주당의 위성정당호에 승선한 위성진보가 나타났고, 국회에 입성한 지

20년이 되는 진보정치는 2024년 제22대 총선에서 당선자를 내지 못해 그 명맥이 끊겼다. 선거제도 개혁은 원점으로 돌아갔다. 정확히 말하면 과거 병립형 비례대표제만도 못한 위성정당 비례대표제로 퇴행했다. 그야말로 모든 것이 더 나쁜 형태로 리셋되었다. 양당의 기득권만은 이 리셋의 범주에 들어가지 않았다. 민주주의의 위기가 양당의 위기로 나타나지 않고, 양당이 이 위기를 인지하지 못한다는 점이 우리가 마주한 이 위기의 본질이기도 하다.

하지만 이 위기를 감지하고 반응을 나타내는 작은 꿈틀거림은 곳곳에 존재한다. 일터와 지역에서 자신의 권리와 이웃의 권리를 찾기 위해 싸우는 사람들이 있다. 정치개혁의 불씨를 다시 살리기 위해 노력하는 이들이 있다. 독립적인 제3의 정치세력이 되고자 의기투합하려는 사람과 세력이 있다. 민주주의를 지키는 보호장치가 훼손되는 일을 막고 민주주의의 원칙과 가치를 지키고 확장하려는 노력도 이어지고 있다. 그렇지만 이 점들을 연결하여 선, 면, 공간으로 발전시키는 가장 중요한 과제가 남아 있다.

한국의 민주주의가 가야 할 길은 여전히 멀고, 아직 정확한 방향을 가리키는 나침반도 존재하지 않는다. 이 책은 다만 위성정당을 넘어서는 어렴풋한 방향을 가리킬 뿐이다. 어렴풋한 방향이지만 이를 의지하고 길을 나서는 사람이 하나둘 늘어나면, 방향은 더욱 또렷해지고 목적지에 이르는 길도 굳건히 다져질 것이다.

부록 및 참고 문헌

부록 1. 위성정당 관련 주요일지

2018년

7월 26일   제20대 국회 정치개혁특별위원회 설치(위원장 심상정 정의당 의원)

2019년

3월 10일   나경원 자유한국당 원내대표, 비례대표제 폐지와 의원정수 감축 개편안 발표
4월 30일   국회 정치개혁특별위원회, 선거제도 개혁 법안 패스트트랙 지정
6월 28일   국회 교섭단체 원내대표 합의로 심상정 정개특위 위원장 교체 결정
6월 30일   심상정 정개특위 위원장 임기종료
7월 18일   홍영표 더불어민주당 전 원내대표, 신임 정개특위 위원장으로 선임
8월 23일   장제원 자유한국당 의원, 정개특위 소위원회에서 위성정당 가능성 첫 언급
10월 13일   자유한국당 한 의원이 처음으로 위성정당 창당 계획 언급
12월 19일   박완수 자유한국당 사무총장, 위성정당 창당 실무 준비 언급
12월 26일   황교안 자유한국당 대표, 선거법 통과되면 위성정당 창당하겠다고 공식 선언
12월 27일   준연동형 비례대표제를 도입한 공직선거법 개정안 국회 본회의 통과

2020년

2월 5일   미래통합당, 위성정당 미래한국당 창당
2월 24일   정의당, 미래한국당 등록 위헌 헌법소원심판 청구
3월 8일   더불어민주당 위성정당 플랫폼 시민을위하여 창당
3월 15일   더불어민주당 위성정당 플랫폼 정치개혁연합 창당
3월 16일   녹색당, 당원 총투표로 위성정당 참여 결정

3월 17일   더불어민주당과 기타 5개 정당 위성정당 창당 합의
           이상규 민중당 상임대표, 위성정당 참여 입장 발표
3월 18일   시민을위하여, 더불어시민당으로 당명 변경
           녹색당, 위성정당 참여 중단 발표
3월 19일   이상규 민중당 상임대표, 위성정당 참여 중단 발표
3월 20일   기본소득당, 전국운영위원회 투표로 비례연합정당 참여 결정
4월 /일   참여연대, 위성정당 비례명부 수리 취소 헌법소원심판 청구
           더불어민주당 위성정당 플랫폼 정치개혁연합 해산
4월 21일   헌법재판소, 참여연대 헌법소원은 기본권 침해 자기관련성 없다며 각하
5월 18일   더불어민주당, 위성정당 더불어시민당 흡수합당
5월 29일   미래통합당, 위성정당 미래한국당 흡수합당
12월 9일   비례대표 후보 추천 민주적 절차 폐지 공직선거법 개정안 국회 통과

2021년
11월 12일   이재명 대통령 후보, 위성정당 창당 사과와 위성정당 방지법 지시

2022년
1월 18일   더불어민주당, 준위성정당 열린민주당 흡수합당
10월 26일   2024정치개혁공동행동 발족, 위성정당 방지를 개혁 과제에 포함

2023년
2월 23일   헌법재판소, 정의당 헌법소원은 기본권 침해 자기관련성 없다며 각하
7월 20일   헌법재판소, 준연동형 비례대표제 합헌 결정과 위성정당 방지책 주문
9월 14일   민주노총, 보수 양당 지지 행위를 금지한다는 총선방침 수립
11월 24일   기본소득당, 개혁연합신당 추진 계획 발표
11월 28일   더불어민주당 의원 75명, 위성정당 방지 공직선거법 개정안 발의
11월 30일   기본소득당, 열린민주당, 사회민주당(준)의 개혁연합신당 추진 합의문
           발표

2024년

1월 15일	기본소득당, 더불어민주당 등에 민주진보진영 비례연합정당 추진 제안
1월 22일	개혁연합신당, 민주진보진영 비례연합정당 추진 발표 기자회견
1월 30일	연합정치시민회의, 민주·개혁·진보 연합 촉구
2월 3일	위성정당 플랫폼 새진보연합 출범
2월 5일	이재명 더불어민주당 대표, 위성정당 창당 방침 발표
2월 17일	녹색정의당, 전국위원회에서 더불어민주당의 위성정당 불참 결정
2월 21일	위성정당 창당을 위한 민주개혁진보 선거연합 합의 서명식
2월 27일	국민의힘, 위성정당 국민의미래 창당
3월 3일	더불어민주당, 위성정당 더불어민주연합 창당
3월 18일	녹색정의당, 위성정당 등록 위헌 헌법소원심판 청구
4월 1일	경실련, 위성정당 등록 위헌 헌법소원심판 청구
4월 9일	헌법재판소, 경실련 헌법소원은 기본권 침해 자기관련성 없다며 각하
	헌법재판소, 녹색정의당 헌법소원은 기본권 침해 자기관련성 없다며 각하
4월 23일	국민의힘, 위성정당 국민의미래 흡수합당
5월 2일	더불어민주당, 위성정당 더불어민주연합 흡수합당
6월 13일	경실련, 위성정당 금지 정당법 개정안 입법청원

부록 2. 비례대표제 관련 용어 해설

연동형 비례대표제는 비례대표제와 다수대표제를 엮은 혼합형 선거제도의 한 형태이다. 기본적으로 각 정당의 전체 의석수(지역구 의석수와 비례대표 의석수의 합계)를 정당 득표율에 따라 결정한다. 따라서 각 정당의 지역구 의석수는 그 정당이 차지할 전체 의석수에 영향을 미치지 못한다.

 지역구 의석과 비례대표 의석이 혼합된 성격이 있으나 비례대표제의 성격이 매우 강하므로 이 제도를 흔히 혼합형 비례대표제(Mixed-Member Proportional, MMP)라고 부른다. 간혹 혼합 보상식 비례대표제(Mixed Compensatory System)라고 부르기도 한다. 대표적으로 독일과 뉴질랜드가 이 제도를 채택하고 있다.

준연동형 비례대표제는 한국의 제21대 총선에서 처음 도입된 독특한 비례대표제를 지칭한다. 이 책에서도 일단 이 용어를 사용하지만, 이러한 명칭은 이 제도가 독일식 또는 뉴질랜드식의 연동형 비례대표제와 유사하다는 인상을 줄 수 있어 문제가 있다. 실제로 연동형 비례대표제와 근본적으로 다른 이 제도를 준연동형 비례대표제라 부르는 것은 그리 적절하지 않다. 이를 대체할 적절한 명칭이 필요하다.

 이 제도는 연동형 비례대표제와 달리, 정당 득표율을 전체 의석 할당의 기준으로 삼지 않고 단지 소수의 비례대표 의석을 배분하는 데에만 사용된다. 원래 이 배분 방식은 지역구 의석수를 차감하는 연동형 방식과 정당 득표율만을 반영하는 병립형 방식을 혼합하도록 설계되었으나, 비례대표 의석수가 매우 적어 지난 두 차례 총선에서 이러한 혼합 계산은 실행되지 않았다.

 연동배분의석수 계산식에 '÷2'를 곱하는 것을 '50% 연동률' 적용으로, '÷2'를 제거하는 것을 '100% 연동률' 적용으로 간주한다. 연동률이 높을수록 정당 지지도와 의석 점유율 간의 불비례성이 개선되는 효과가 있으나, 이는 특정한 조건에서만 성립한다. 즉, 비례대표 의석정수가 50% 연동률 적용 시의 연동배분의석수 합계를 초과할 만큼 큰 경우에만, 즉 병립형 비례대표제의 의석배분 계산과 동일한 잔여배분의석수 계산이 이루어지는 조건에서만, 연동률 상승 시 불비례성 개선 효과가 나타난다(이에 관한 자세한 설명은 5장 참조).

이 제도를 때때로 Semi-Mixed Member Proportional(Semi-MMP)로 번역하기도 한다. 그러나 앞서 설명했듯이 연동형 비례대표제와 준연동형 비례대표제는 본질적으로 다르므로, 연동형 비례대표제의 절반 수준을 적용한 것이 준연동형 비례대표제라는 인상을 줄 수 있는 이러한 번역의 적절성에 대해서는 준연동형 비례대표제라는 명칭과 마찬가지로 논의의 여지가 크다.

병립형 비례대표제는 비례대표제와 다수대표제를 엮은 혼합형 선거제도의 한 형태이다. 기본적으로 지역구 선거와 비례대표 선거를 병행하여 각기 의석배분을 결정한다. 이 제도는 연동형 비례대표제와 마찬가지로 유권자가 지역구 후보와 정당에 각각 한 표씩 행사하지만, 연동형 비례대표제와 달리 지역구 선거 결과가 비례대표 의석배분과 전혀 연동되지 않는다.

영어권에서 종종 Parallel Voting이라고 불리는 이 제도는 연동형 비례대표제와 달리 비례대표제가 비본질적이라는 점에서 혼합형 다수대표제(Mixed-Member Majoritarian, MMM)로 일컬어지기도 한다. 대표적으로 이탈리아, 일본, 한국(2004~2020), 멕시코, 헝가리, 리투아니아 사례가 있다.

완전 비례대표제는 이 책에서 다수대표제는 물론 비례대표제와 다수대표제를 결합한 혼합형 제도와 구별되는 전면적인 비례대표제를 지칭하기 위해 사용된다. '완전'이라는 수식어는 연동형 비례대표제, 준연동형 비례대표제, 병립형 비례대표제 등과 구분하기 위해 붙인 것으로, 이는 지역구 선거 없이 전체 의석이 오직 비례대표 선거를 통해서만 결정되는 제도를 의미한다.

이러한 제도는 크게 정당명부 비례대표제(Party-list Proportional Representation, Party-list PR)와 단기이양식 비례대표제(Single Transferable Vote, STV) 등으로 분류할 수 있다. 완전 비례대표제를 채택한 국가 중 대다수가 개방형 명부 또는 폐쇄형 명부 방식의 비례대표제를 시행하고 있으며, 아일랜드 하원 등 일부 국가에서만 단기이양식 비례대표제를 채택하고 있다. 따라서 이 책에서 완전 비례대표제는 지역구 의석이 없는 개방형 명부제 또는 폐쇄형 명부제와 동의어로 간주할 수 있다.

폐쇄형 명부제(Closed-list System)와 **개방형 명부제**(Open-list System)는 정당명부 비례대표제(Party-list PR)의 두 가지 대표적인 형태이다. 폐쇄형 명부제에서는 유권자가 정당에만 투표하고, 후보 순위는 정당이 결정한다. 이 방식은 정당의 영향력이 강하고 유권자의 개별 후보 선택권이 제한된다.

반면 개방형 명부제에서는 유권자가 선호하는 정당뿐만 아니라 해당 정당 내에서 선호하는 후보도 선택하여 투표할 수 있다. 이 방식은 유권자의 선택권이 확대되고 후보자 간 경쟁이 촉진되며, 정당의 영향력은 다소 제한된다.

석패율제(惜敗率制)는 지역구 선거와 비례대표 선거가 혼합된 선거제도를 전제로, 지역구 선거에서 근소한 차이로 낙선한 후보가 비례대표 후보로 당선될 수 있게 하는 제도이다. 이러한 차순위 후보 구제 방식은 일본이 1996년 중의원 선거제도를 병립형 비례대표제로 전환하면서 도입한 바 있다.

한국에서는 선거관리위원회가 1999년 정치관계법 개정의견을 제출하면서 석패율제를 처음으로 제안했다. 한편 석패율제는 지역구 선거와 비례대표 선거에 동시에 입후보하는 것을 허용하는 동시입후보제의 하위범주로 볼 수 있다.

부록 3. 비례대표 의석비율과 비례대표제 선거 결과

〈표 3-1〉과 〈표 3-2〉는 비례대표 의석비율이 증가함에 따라 병립형 비례대표제 결과와 연동형 비례대표제 결과 사이에 어떤 차이가 있는가를 보여준다. 〈표 3-1〉은 지역구 의석정수를 유지한 상태에서 비례대표 의석정수를 늘리는 방식으로 비례대표 의석비율을 증가시킨 것이고, 〈표 3-2〉는 전체 의원정수를 유지한 상태에서 지역구 의석정수를 축소하는 대신 비례대표 의석정수를 늘리는 방식으로 비례대표 의석비율을 증가시킨 것이다.

위성정당이 없는 준연동형 비례대표제는 연동형 방식과 병립형 방식을 일정하게 절충하여 비례대표 의석정수 한도 내에서 의석을 할당하는 것이므로 그 결과는 병립형 비례대표제와 연동형 비례대표제 결과 사이의 어느 한 지점에 존재할 수밖에 없다. 따라서 아래 사례를 통해 비례대표 의석비율이 증가할 때 병립형 비례대표제와 연동형 비례대표제가 각각 산출하는 결과를 확인하여 그 특징을 파악할 수 있다면, 이 특징은 준연동형 비례대표제 결과와 나머지 비례대표제 결과 사이의 관계에도 그대로 적용된다.

표 3-1 지역구 의석정수 유지와 비례대표 의석비율 확대

		(1)	(2)	(3)	(4)
지역구의석정수(a)		200	200	200	200
비례대표의석정수(b)		50	100	150	200
전체의원정수(c)		250	300	350	400
비례대표의석비율(b/c)		20%	33.3%	42.9%	50%
정당 A	지역구의석수(d1)	100	100	100	100
	비례득표율(e)	40%	40%	40%	40%
	병립비례의석수(f)	20	40	60	80
	병립최종의석수(g)	120	140	160	180
	연동최종의석수(h)	100	120	140	160
	병립대연동비율(g/h)	1.20	1.17	1.14	1.13

정당 B	지역구의석수(d2)	30	30	30	30
	비례득표율(e)	20%	20%	20%	20%
	병립비례의석수(f)	10	20	30	40
	병립최종의석수(g)	40	50	60	70
	연동최종의석수(h)	50	60	70	80
	병립대연동비율(g/h)	0.80	0.83	0.86	0.88

주: d1=a×0.50, d2=a×0.15, f=(b×e)/100, g=d+f, h=(c×e)/100.

〈표 3-1〉은 지역구 의석정수를 200으로 고정한 상태에서 비례대표 의석정수를 50에서부터 200까지 늘리면서 비례대표 의석비율을 확대해 본 것이다. 이때 정당 A는 전체 지역구 200석의 절반인 100석을 갖고 있고 비례대표 정당 득표율은 40%이다. 비례대표 의석비율이 20%에서 50%로 점차 증가함에 따라 병립형 비례대표제 결과와 연동형 비례대표제 결과 사이의 상대적 차이를 나타내는 '병립대연동비율'이 1.20에서 1.13으로 점차 감소하는 것을 확인할 수 있다. 그리고 모든 경우에 이 비율이 1을 넘는다는 것은 병립형 비례대표제 결과가 연동형 비례대표제 결과보다 정당 A에 항상 유리함을 말해준다.

그러나 전체 지역구 200석의 15%인 30석을 갖고 있고 비례대표 정당 득표율이 20%인 정당 B의 경우는 다르다. 비례대표 의석비율이 증가함에 따라 '병립대연동비율'이 0.80에서 0.88로 증가하는 것을 확인할 수 있다. 그리고 모든 경우에 이 비율이 1을 넘지 않는다는 것은 연동형 비례대표제 결과가 병립형 비례대표제 결과보다 정당 B에 항상 유리함을 말해준다.

표 3-2 지역구 의석정수 축소와 비례대표 의석비율 확대

	(1)	(2)	(3)	(4)
지역구의석정수(a)	250	200	150	100
비례대표의석정수(b)	50	100	150	200
전체의원정수(c)	300	300	300	300
비례대표의석비율(b/c)	16.7%	33.3%	50%	66.7%

정당 C	지역구의석수(d1)	125	100	75	50
	비례득표율(e)	40%	40%	40%	40%
	병립비례의석수(f)	20	40	60	80
	병립최종의석수(g)	145	140	135	130
	연동최종의석수(h)	120	120	120	120
	병립대연동비율(g/h)	1.21	1.17	1.13	1.08
정당 D	지역구의석수(d2)	37.5	30	22.5	15
	비례득표율(e)	20%	20%	20%	20%
	병립비례의석수(f)	10	20	30	40
	병립최종의석수(g)	47.5	50	52.5	55
	연동최종의석수(h)	60	60	60	60
	병립대연동비율(g/h)	0.79	0.83	0.88	0.92

주: d1=a×0.50, d2=a×0.15, f=(b×e)/100, g=d+f, h=(c×e)/100.

〈표 3-2〉는 전체 의원정수를 300으로 고정한 상태에서 지역구 의석정수를 250에서 100까지 축소하면서 비례대표 의석비율을 확대해 본 것이다. 이때 정당 C는 전체 지역구 의석의 절반을 갖고 있고 비례대표 정당 득표율은 40%이다. 비례대표 의석비율이 16.7%에서 66.7%까지 증가함에 따라 병립형 비례대표제 결과와 연동형 비례대표제 결과 사이의 상대적 차이를 나타내는 '병립대연동비율'이 1.21에서 1.08로 감소하는 것을 확인할 수 있다. 그리고 모든 경우에 이 비율이 1을 넘으므로 병립형 비례대표제 결과가 연동형 비례대표제 결과보다 정당 C에게 항상 유리함을 알 수 있다.

정당 D는 전체 지역구 의석의 15%를 갖고 있고 비례대표 정당 득표율이 20%이다. 비례대표 의석비율이 증가함에 따라 '병립대연동비율'이 0.79에서 0.92로 증가하는 것을 확인할 수 있다. 그리고 모든 경우에 이 비율이 1을 넘지 못하므로 연동형 비례대표제 결과가 병립형 비례대표제 결과보다 정당 D에게 항상 유리함을 알 수 있다.

결론은 다음 세 가지로 요약할 수 있다. 첫째, 지역구 의석정수를 유지하는 방식으로든 축소하는 방식으로든 비례대표 의석비율을 확대하기만 한다면 각기 다른 비례대표제가 산출하는 선거 결과 사이의 격차가 줄어든다. 이러한 결과는 비례대표제를 좀 더 비례성이 높은 다른 비례대표제로 개혁하는 문제와 별개로 비례대표 의석비율 확대를 매우 중요한 독립적인 목표로 설정할 필요가 있다는 점을 시사한다. 제21대 총선을 앞두고 준연동형 비례대표제가 도입되면서 의석할당 방식이 바뀐 점도 중요하지만, 도입 논의 과정에서 원래 설정했던 비례대표 의석비율이 계속 축소되었다는 점에 주목해야 한다.

둘째, 지역구 의석정수 대비 지역구 의석수 비율(50%)이 정당 득표율(40%)보다 높은 거대정당(정당 A와 정당 C)은 모든 조건에서 연동형 비례대표제가 병립형 비례대표제에 비해 상대적으로 불리하긴 하지만, 비례대표 의석비율이 증가할수록 이러한 상대적 불리함의 수준은 낮아진다. 이는 비례대표 의석비율이 낮을 경우, 거대정당에 가해지는 병립형 회귀 압력이 상대적으로 높다는 것을 의미한다. 위성정당 창당을 통해 병립형 비례대표제 결과를 획득하려 한 것도 이러한 압력이 어느 정도 작용했다고 볼 수 있다.

셋째, 지역구 의석정수 대비 지역구 의석수 비율(15%)이 정당 득표율(20%)보다 낮은 중소 정당(정당 B와 정당 D)은 모든 조건에서 연동형 비례대표제가 병립형 비례대표제에 비해 상대적으로 유리하긴 하지만, 비례대표 의석비율이 증가할수록 이러한 상대적 유리함의 수준은 낮아진다. 이는 비례대표 의석비율의 증가보다 비례대표제를 좀 더 비례성이 높은 다른 비례대표제로 개혁하는 것에 중소 정당이 큰 관심을 둘 수밖에 없는 이유를 부분적으로 설명한다.

부록 4. 정치관계법 관련 법률 조항과 헌법재판소 결정문

공직선거법 제88조(타후보자를 위한 선거운동금지) 후보자, 선거사무장, 선거연락소장, 선거사무원, 회계책임자, 연설원, 대담·토론자는 다른 정당이나 선거구가 같거나 일부 겹치는 다른 후보자를 위한 선거운동을 할 수 없다. 다만, 정당이나 후보자를 위한 선거운동을 함에 있어서 그 일부가 다른 정당이나 후보자의 선거운동에 이른 경우와 같은 정당이나 같은 정당의 추천후보자를 지원하는 경우 및 이 법의 규정에 의하여 공동선임된 선거사무장 등이 선거운동을 하는 경우에는 그러하지 아니하다. 〈개정 2012. 1. 17.〉

공직선거법 제189조(비례대표국회의원의석의 배분과 당선인의 결정·공고·통지)
① 중앙선거관리위원회는 다음 각 호의 어느 하나에 해당하는 정당(이하 이 조에서 "의석할당정당"이라 한다)에 대하여 비례대표국회의원의석을 배분한다. 〈개정 2020. 1. 14.〉
1. 임기만료에 따른 비례대표국회의원선거에서 전국 유효투표총수의 100분의 3 이상을 득표한 정당
2. 임기만료에 따른 지역구국회의원선거에서 5 이상의 의석을 차지한 정당
② 비례대표국회의원의석은 다음 각 호에 따라 각 의석할당정당에 배분한다. 〈개정 2020. 1. 14.〉
1. 각 의석할당정당에 배분할 의석수(이하 이 조에서 "연동배분의석수"라 한다)는 다음 계산식에 따른 값을 소수점 첫째자리에서 반올림하여 산정한다. 이 경우 연동배분의석수가 1보다 작은 경우 연동배분의석수는 0으로 한다.

> 연동배분의석수
> = [(국회의원정수 - 의석할당정당이 추천하지 않은 지역구국회의원당선인수)
>   × 해당 정당의 비례대표국회의원선거 득표비율
>   - 해당 정당의 지역구국회의원당선인수] ÷ 2

2. 제1호에 따른 각 정당별 연동배분의석수의 합계가 비례대표국회의원 의석정수에 미달할 경우 각 의석할당정당에 배분할 잔여의석수(이하 이 조에서 "잔여배분의석수"라 한다)는 다음 계산식에 따라 산정한다. 이 경우 정수(整數)의 의석을 먼저 배정하고 잔여의석은 소수점 이하 수가 큰 순으로 각 의석할당정당에 1석씩 배분하되, 그 수가 같은 때에는 해당 정당 사이의 추첨에 따른다.

> 잔여배분의석수 = (비례대표국회의원 의석정수 - 각 연동배분의석수의 합계)
> × 비례대표국회의원선거 득표비율

3. 제1호에 따른 각 정당별 연동배분의석수의 합계가 비례대표국회의원 의석정수를 초과할 경우에는 제1호 및 제2호에도 불구하고 다음 계산식에 따라 산출된 수(이하 이 조에서 "조정의석수"라 한다)를 각 연동배분의석 할당정당의 의석으로 산정한다. 이 경우 산출방식에 관하여는 제2호 후단을 준용한다.

> 조정의석수 = 비례대표국회의원 의석정수 × 연동배분의석수
> ÷ 각 연동배분의석수의 합계

③ 제2항의 비례대표국회의원선거 득표비율은 각 의석할당정당의 득표수를 모든 의석할당정당의 득표수의 합계로 나누어 산출한다. 〈개정 2020. 1. 14.〉
④ 중앙선거관리위원회는 제출된 정당별 비례대표국회의원후보자명부에 기재된 당선인으로 될 순위에 따라 정당에 배분된 비례대표국회의원의 당선인을 결정한다.
⑤ 정당에 배분된 비례대표국회의원의석수가 그 정당이 추천한 비례대표국회의원후보자수를 넘는 때에는 그 넘는 의석은 공석으로 한다.
⑥ 중앙선거관리위원회는 비례대표국회의원선거에 있어서 제198조(천재·지변 등으로 인한 재투표)의 규정에 의한 재투표 사유가 발생한 경우에는 그 투표구의 선거인수를 전국선거인수로 나눈 수에 비례대표국회의원 의석정수를 곱하여 얻은 수의 정수(1 미만의 단수는 1로 본다)를 비례대표국회의원 의석정수에서 뺀 다음 제1항부터 제4항까지의 규정에 따라 비례대표국회의원의석을 배분하고 당

선인을 결정한다. 다만, 재투표결과에 따라 의석할당정당이 추가될 것으로 예상되는 경우에는 추가가 예상되는 정당마다 비례대표국회의원 의석정수의 100분의 3에 해당하는 정수(1미만의 단수는 1로 본다)의 의석을 별도로 빼야 한다. 〈개정 2020. 1. 14.〉

⑦ 비례대표국회의원의 당선인이 결정된 때에는 중앙선거관리위원회위원장은 그 명단을 공고하고 지체없이 각 정당에 통지하며, 당선인에게 당선증을 교부하여야 한다.

⑧ 제187조(대통령당선인의 결정·공고·통지) 제4항의 규정은 비례대표국회의원 당선인의 결정에 이를 준용한다.

[전문개정 2004. 3. 12.][2004. 3. 12. 법률 제7189호에 의하여 2001. 7. 19. 헌법재판소에서 위헌결정된 이 조를 개정함.]

정치자금법 제27조(보조금의 배분) ① 경상보조금과 선거보조금은 지급 당시 「국회법」 제33조(교섭단체)제1항 본문의 규정에 의하여 동일 정당의 소속의원으로 교섭단체를 구성한 정당에 대하여 그 100분의 50을 정당별로 균등하게 분할하여 배분·지급한다.

② 보조금 지급 당시 제1항의 규정에 의한 배분·지급대상이 아닌 정당으로서 5석 이상의 의석을 가진 정당에 대하여는 100분의 5씩을, 의석이 없거나 5석 미만의 의석을 가진 정당 중 다음 각 호의 어느 하나에 해당하는 정당에 대하여는 보조금의 100분의 2씩을 배분·지급한다.

1. 최근에 실시된 임기만료에 의한 국회의원선거에 참여한 정당의 경우에는 국회의원선거의 득표수 비율이 100분의 2 이상인 정당
2. 최근에 실시된 임기만료에 의한 국회의원선거에 참여한 정당 중 제1호에 해당하지 아니하는 정당으로서 의석을 가진 정당의 경우에는 최근에 전국적으로 실시된 후보추천이 허용되는 비례대표시·도의회의원선거, 지역구시·도의회의원선거, 시·도지사선거 또는 자치구·시·군의 장선거에서 당해 정당이 득표한 득표수 비율이 100분의 0.5 이상인 정당
3. 최근에 실시된 임기만료에 의한 국회의원선거에 참여하지 아니한 정당의 경

우에는 최근에 전국적으로 실시된 후보추천이 허용되는 비례대표시·도의회의원선거, 지역구시·도의회의원선거, 시·도지사선거 또는 자치구·시·군의 장선거에서 당해 정당이 득표한 득표수 비율이 100분의 2 이상인 정당

③ 제1항 및 제2항의 규정에 의한 배분·지급액을 제외한 잔여분 중 100분의 50은 지급 당시 국회의석을 가진 정당에 그 의석수의 비율에 따라 배분·지급하고, 그 잔여분은 국회의원선거의 득표수 비율에 따라 배분·지급한다.

④ 선거보조금은 당해 선거의 후보자등록마감일 현재 후보자를 추천하지 아니한 정당에 대하여는 이를 배분·지급하지 아니한다.

⑤ 보조금의 지급시기 및 절차 그 밖에 필요한 사항은 중앙선거관리위원회규칙으로 정한다.

헌법재판소 결정문 1

[사 건] 2004헌마246
[청구인] 사회당 (대표자 신석준, 대리인 변호사 강문대)
[선고일] 2006. 3. 30.
[주 문]
청구인의 심판청구를 기각한다.
[이 유]
1. 사건의 개요 및 심판대상
  가. 사건의 개요

2004. 3. 9. 국회 본회의에서 정당법, 공직선거및선거부정방지법, 정치자금에관한법률 등 이른바 정치관계법이 통과되었으며, 이들은 모두 2004. 3. 12. 공포되어 효력을 발생하였다. 이날 법률 제7190호로 개정된 정당법에서는 정당의 등록요건으로 제25조에서 "정당은 5 이상의 시·도당을 가져야 한다"고 규정하였고, 제27조에서는 "시·도당은 1천인 이상의 당원을 가져야 한다"고 규정하였다. 그리고 동법 부칙 제2조 및 제3조의 규정에 따르면, 동법 시행 당시 종전의 규정에 의하여 등록된 정당은 제25조의 개정규정에 의한 법정 시·도당 수 및 제27조의 개정규정에 의한 법정당원 수에 흠결이 있는 때에는 동법 시행일부터

180일 이내에 이를 보완하여야 하고, 보완하지 아니한 정당에 대하여는 동법 부칙 제4조에 따라 선거관리위원회가 등록을 취소하도록 규정되어 있다.

이에 청구인은 2004. 3. 26. 개정 정당법상의 이러한 요건들을 충족하는 것이 군소정당인 청구인의 입장에서는 거의 불가능하므로, 위 정당법 제25조 및 제27조의 규정으로 인해 헌법 제8조 제1항 정당설립의 자유, 제11조 평등권, 제21조 제1항 결사의 자유가 침해되었다고 주장하면서 헌법재판소법 제68조 제1항에 따라 이 사건 헌법소원심판을 청구하였다.

(…)

다. 이 사건 법률조항의 위헌 여부

(1) 정당의 개념표지 및 정당등록제도의 의의

(가) 헌법은 제8조 제2항에서 "정당은 … 국민의 정치적 의사형성에 참여하는데 필요한 조직을 가져야 한다"고 규정하고 있고, 정당법 제2조는 "이 법에서 정당이라 함은 국민의 이익을 위하여 책임 있는 정치적 주장이나 정책을 추진하고 공직선거의 후보자를 추천 또는 지지함으로써 국민의 정치적 의사형성에 참여함을 목적으로 하는 국민의 자발적 조직을 말한다"고 규정하고 있다.

이와 같은 우리 헌법 및 정당법상 정당의 개념적 징표로서는 ① 국가와 자유민주주의 또는 헌법질서를 긍정할 것, ② 공익의 실현에 노력할 것, ③ 선거에 참여할 것, ④ 정강이나 정책을 가질 것, ⑤ 국민의 정치적 의사형성에 참여할 것, ⑥ 계속적이고 공고한 조직을 구비할 것, ⑦ 구성원들이 당원이 될 수 있는 자격을 구비할 것 등을 들 수 있다. 즉, 정당은 정당법 제2조에 의한 정당의 개념표지 외에 예컨대 독일의 정당법(제2조)이 규정하고 있는 바와 같이 "상당한 기간 또는 계속해서", "상당한 지역에서" 국민의 정치적 의사형성에 참여해야 한다는 개념표지가 요청된다고 할 것이다.

(…)

한편 이 사건 법률조항은 헌법 제8조 제2항이 규정하고 있는바 "국민의 정치적 의사형성에 참여하는데 필요한 조직" 요건을 구체화함에 있어서 5개 이상의 시·도당 및 각 시·도당마다 1,000명 이상의 당원을 갖추도록 규정하고 있는바, 이와 같이 전국 정당으로서의 기능 및 위상을 충실히 하기 위해서 5개의 시·도당을 구성하는 것이 필요하다고 본 입법자의 판단이 자의적이라고 볼 수 없고, 각 시·도당 내에 1,000명 이상의 당원을 요구하는 것도 우리 나라 전체 및 각 시·도의 인구를 고려해 볼 때, 청구인과 같은 군소정당 또는 신생정당이라 하더라도 과도한 부담이라고 할 수 없다.

따라서 이 사건 법률조항이 비록 정당으로 등록되기에 필요한 요건으로서 5개 이상의 시·도당 및 각 시·도당마다 1,000명 이상의 당원을 갖출 것을 요구하고 있기 때문에 국민의 정당설립의 자유에 어느 정도 제한을 가하는 점이 있는 것은 사실이나, 이러한 제한은 "상당한 기간 또는 계속해서", "상당한 지역에서" 국민의 정치적 의사형성 과정에 참여해야 한다는 정당의 개념표지를 구현하기 위한 합리적인 제한이라고 할 것이므로, 그러한 제한은 헌법적으로 정당화된다고 할 것이다.

5. 결론

이상 살펴본 바와 같이 이 사건 심판청구는 그 이유 없으므로 이를 기각하기로 하여 재판관 전원의 의견일치에 따라 주문과 같이 결정한다.

재판관 윤영철(재판장) 권성 김효종 김경일 송인준 주선회(주심) 전효숙 이공현 조대현

헌법재판소 결정문 2

[사　건] 2019헌마1443, 2020헌마134(병합) 공직선거법 제189조 제2항 등 위헌확인
　　　　 2020헌마16(병합) 공직선거법 제189조 제2항 위헌확인
　　　　 2020헌마449(병합) 공직선거법 제47조 제2항 제1호 등 위헌확인
　　　　 2021헌마9(병합) 공직선거법 제21조 제1항 등 위헌확인

[청구인] 별지 1, 별지 2 청구인 명단과 같음

[선고일] 2023. 7. 20.

[주　문]

1. 청구인들의 공직선거법(2020. 1. 14. 법률 제16864호로 개정된 것) 제189조 제2항에 대한 심판청구를 모두 기각한다.
2. 청구인들의 나머지 심판청구를 모두 각하한다.

[이　유]

1. 사건개요

가. 사건의 배경

(1) 정의당 심상정 의원 등 17인은 2019. 4. 24. 국회의원정수를 300명으로 유지하되 지역선거구국회의원(이하 '지역구의원'이라 한다)과 비례대표전국선거구국회의원(이하 '비례대표의원'이라 한다)의 비율을 3:1(225석:75석)로 조정하고, 국회의원 전체 의석을 각 정당의 득표율을 기준으로 배분하되 해당 정당이 지역구의원선거(이하 '지역구선거'라 한다)에서 획득한 당선자 수(이하 '지역구의석'이라 한다)를 공제한 의석수의 절반을 비례대표의원의석(이하 '비례대표의석'이라 한다)으로 우선 배분한 다음 나머지 비례대표의석은 정당득표율에 따라 배분하는 준연동형 비례대표제를 도입하고, 권역별로 비례대표명부를 작성하는 권역별 비례대표제와 열세지역에서 근소한 차이로 낙선한 지역구 후보자를 비례대표의원으로 선출하는 석패율제를 포함하는 내용의 공직선거법 일부개정법률안(의안번호 2019985, 이하 '이 사건 원안'이라 한다)을 발의하였다. 이 사건 원안은 2019. 4. 30. 국회법 제85조의2 제2항에 따라 신속처리대상안건으로 지정되었고, 같은 조 제5항에 따라 2019. 11. 27. 본회의에 부의된 것으로 간주되었다.

(2) 당시 바른미래당 김관영 의원은 2019. 12. 23. 국회의원정수 구성을 기존 공직선거법과 마찬가지로 지역구의원 253명, 비례대표의원 47명으로 하고, 석패율제 및 권역별 비례대표제는 도입하지 않으며, 준연동형 비례대표제를 도입하되, 2020. 4. 15. 실시하는 국회의원선거의 비례대표의석배분에 관하여는 47석의 비례대표의석 중 30석에 관하여만 준연동형 비례대표제를 적용하고 나머지에 대하여는 병립형 제도를 적용하는 내용의 특례를 포함한 수정안(이하 '이 사건 수정안'이라 한다)을 본회의에 제출하였다.

(3) 2019. 12. 27. 제373회 국회(임시회) 제1차 본회의에서 이 사건 수정안이 가결되었고, 정부로 이송되어 2020. 1. 14. 법률 제16864호로 공포되었다(이하 '개정된 공직선거법'이라 한다).

(…)

(라) 위성정당의 문제

또한 이 사건 의석배분조항은 지역구의석과 비례대표의석을 연동하여 정당의 득표율에 비례한 의석배분이 이루어질 수 있도록 하고 있기 때문에, 정당이 지역구의석과 비례대표의석의 연동을 차단시키는 선거 전략을 택하게 되면 지역구의석과 별도로 비례대표의석을 추가로 얻을 수 있게 되어, 정당득표율과 의석수 사이의 불비례성을 시정하는 효과를 기대하기 어렵게 된다. 지역구선거에서 정당득표율보다 더 많은 의석을 확보할 수 있는 정당은 비례대표선거에만 참여하는 이른바 위성정당을 창당하는 방법으로 지역구의석수와 상관없이 추가로 비례대표의석을 얻을 수 있다. 이러한 이유로 지역기반의 거대 정당의 경우 지역구의석과 비례대표의석의 연동을 차단시키는 선거 전략을 택할 유인이 강하게 발생한다. 실제 제21대 국회의원선거에서도 거대 정당의 위성정당이 창당되어 비례대표선거에만 후보자를 추천하는 현상이 발생하였고 이로 인하여 다른 어떤 때보다 양당체제가 심화된 결과를 보여주었다. 따라서 이 사건 의석배분조항이 무력화되지 않고 선거의 비례성을 확보하기 위해서는 위와 같이 연동을 차단시키는 거대 정당의 선거 전략을 효과적으로 통제할 수 있는 제도를 마련하는 것이 필요하다.

그러나 그러한 제도가 마련되어 있지 않다는 점만으로 이 사건 의석배분조항 자체가 투표의 성과가치를 왜곡하여 평등선거원칙에 위배된다고 보기는 어렵다. 이 사건 의석배분조항은 개정 전 공직선거법상의 병립형 선거제도보다는 선거의 비례성을 확보할 수 있는 의석배분방법을 규정하여 보다 평등선거원칙에 부합하는 결과를 목표로 하고 있다. 이 사건 의석배분조항에도 불구하고 실제 제21대 국회의원선거에서 선거의 불비례성이 완화되지 못한 것은 거대 정당의 선거 전략에 따른 결과이지 이 사건 의석배분조항에 따른 결과로 보기 어렵다.

위성정당과 같은 선거 전략을 효과적으로 차단할 수 있는 제도를 마련하는 것이 필요할 수 있겠으나, 이 사건 의석배분조항이 선거의 비례성을 향상시키기 위한 의석배분방법을 규정하고 있고, 이러한 방법이 헌법상 선거원칙에 명백히 위반된다는 사정이 발견되지 않는 이상, 정당의 투표전략으로 인하여 실제 선거에서 양당체제를 고착화시키는 결과를 초래하였다는 이유만으로, 이 사건 의석배분조항이 투표가치를 왜곡하거나 선거의 대표성의 본질을 침해할 정도로 현저히 비합리적인 입법이라고 보기는 어렵다.

(마) 소결

위와 같은 점들을 종합하여 보면, 이 사건 의석배분조항은 지역구의석과 비례대표의석을 연동시킴으로써 선거의 비례성과 투표가치의 평등을 실현하기 위한 규정이므로, 평등선거원칙에 위배된다고 보기 어렵다.

바. 소결론

따라서 이 사건 의석배분조항은 직접선거원칙과 평등선거원칙에 위배되어 청구인들의 선거권과 피선거권 및 평등권을 침해한다고 보기 어렵다.

6. 결론

그러므로 청구인들의 이 사건 의석배분조항에 대한 심판청구는 이유 없으므로 이를 모두 기각하고, 청구인들의 나머지 심판청구는 모두 부적법하므로 이를 각하하기로 하여, 관여 재판관 전원의 일치된 의견으로 주문과 같이 결정한다.

재판관 유남석(재판장) 이은해 이종석 이영진 김기영 문형배 이미선 김형두 정정미

부록 5. 위성정당 출현이 불러온 의석할당정당 규정 해석의 오류

공직선거법 제189조 제1항에 따르면, '의석할당정당'이라 함은 "임기만료에 따른 비례대표국회의원선거에서 전국 유효투표총수의 100분의 3 이상을 득표한 정당"이거나 "임기만료에 따른 지역구국회의원선거에서 5 이상의 의석을 차지한 정당"이다. 얼핏 보면 전자의 비례대표 득표율 조건과 지역구 의석수 조건이 각각 독립적인 충분조건으로 읽힐 수도 있다. 하지만 한국의 선거제도뿐만 아니라 비례대표제의 역사에 등장하는 비례대표 득표율 봉쇄조항 또는 지역구 의석수 봉쇄조항의 일반적인 정의에 따르면, 지역구 의석수 조건은 지역구 선거에서 일정한 성과를 거둔 정당이 비록 비례대표 득표율 조건을 충족하지는 못하였으나 획득한 득표율만큼의 의석배분이 이루어지도록 배려하는 예외적인 보충조건이다.

한국의 공직선거법에 따르면, 비례대표 득표율이 3% 이상이면 당연히 의석할당정당이 되고 그 득표율에 상응하는 비례대표 의석을 배분받는다. 예외적인 경우이지만 비례대표 득표율이 3% 미만이고 지역구 당선인 수가 5명 이상일 때도 해당 정당을 추가적인 의석할당정당으로 인정하고 그 득표율에 상응하는 의석을 배분한다는 것이다. 하지만 선관위는 보충조건에 불과한 바로 이 지역구 의석수 조건을 비례대표 선거 참여와 상관없는 독립적인 충분조건으로 잘못 해석했다. 즉, 5명 이상의 지역구 당선자를 배출한 정당을 공직선거법 관련 조문의 통상적인 의미와 맥락을 무시하고 무조건 의석할당정당이 되는 것으로 잘못 규정한 것이다.

공직선거법 제189조 제1항의 내용을 처음 상세히 논의한 2004년 2월 5일에 열린 국회 정치개혁특별위원회 선거법소위원회 제11차 회의의 결론도 지역구 의석수 조건이 예외적인 상황을 허용하는 보충조건에 불과하다는 점을 명확히 한 바 있다(국회사무처 2004). 당시 선거법소위원회 위원들은 독일 연방선거법의 비례대표 봉쇄조항 사례를 직접 언급하며 이 조항의 의미를 분명히 했다. 2023년 개정 이전 독일 연방선거법 제1장 제6조 제3항에는 "주후보자명부에 의석을 배분함에 있어 모든 선거구에서 투표된 제2표의 유효투표총수의 100분의 5 이상을 얻었거나, 최소한 3개 이상의 선거구에서 의석을 획득한 정당만이 고려된다"고 명시되어 있었다(중앙선거관리위원회 선거연수원 2021, 82). 이러한 독일의 지역구 3석 조항 또한 독립적인 충분조건이 아니라 보충조건이었고, 당연히 비례대표 선거 참여를 전제로 했다. (참고로, 이 지역구 3석 조항은 2023년 연방선거법 개정 과정에서 삭제되었다. 그러나 2024년 7월 30일 독일 연방헌법재판소는 이 조항을 계속 적용하라고 판결했다. 비례대표 득표율이 5% 미만이더라도 지역구에서 3석 이상을 얻은 정당에는 의석을 배분한다는 조항을 없앤 것은 소수정당이나 지역정당의 의회 진출 장벽을 높임으로써 평등선거를 보장하는 헌법에 위배된다고 판단한 것이다.)

그러므로 비례대표 국회의원 의석할당정당의 기준을 충족하는 제21대 총선의 의석할당정당은 미래한국당, 더불어시민당, 정의당, 국민의당, 열린민주당이다. 미래통합당과 더불어민주당은 비례대표 국회의원선거에 불참했으므로 원칙적으로 의석할당정당이 될 수 없다. 그렇다면 제21대 총선에서 의석할당정당이 추천하지 않은 지역구 국회의원 당선인 수는 5(무소속 5)가 아니라 252(미래통합당 84, 더불어민주당 163, 무소속 5)가 된다.

따라서 〈표 3-1〉의 1번 항 계산, 즉 선관위 계산에 따르면 더불어시민당은 17석이고 열린민주당은 3석이지만, 2번 항 계산에서는 더불어시민당이 1석 많은 18석이고 열린민주당은 1석이 적은 2석이 된다. 즉, 선관위의 잘못된 해석에 따른 계산오류로 열린민주당의 비례대표 3번 강민정 후보는 의원이 될 수 있었고, 더불어시민당의 비례대표 18번 이경수 후보는 의원이 될 수 없었다.

표 5-1 제21대 총선 비례대표 의석수 계산

	미래한국당	더불어시민당	정의당	국민의당	열린민주당	합계
의석할당정당 득표비율(%)	37.98	37.44	10.85	7.63	6.09	100
1. "의석할당정당이 추천하지 않은 지역구국회의원당선인수"가 5명인 경우						
연동배분의석수	56	55	16	11	9	147
조정의석수(a)	12	11	3	2	2	30
병립의석수(b)	7	6	2	1	1	17
최종의석수(a+b)	19	**17**	5	3	**3**	47

2. "의석할당정당이 추천하지 않은 지역구국회의원당선인수"가 252명인 경우						
연동배분의석수(a)	9	9	2	2	1	23
잔여배분의석수(b)	3	3	1	0	0	7
병립의석수(c)	7	6	2	1	1	17
최종의석수(a+b+c)	19	**18**	5	3	**2**	47

출처: 최광은(2024)

표 5-2 제22대 총선 비례대표 의석수 계산

	더불어민주연합	국민의미래	개혁신당	조국혁신당	합계
의석할당정당 득표비율(%)	29.26	40.19	3.97	26.58	100
1. "의석할당정당이 추천하지 않은 지역구국회의원당선인수"가 2명인 경우					
연동배분의석수	44	60	5	40	149
조정의석수(a)	14	18	2	12	46
최종의석수(a)	14	**18**	**2**	12	46
2. "의석할당정당이 추천하지 않은 지역구국회의원당선인수"가 253명인 경우					
연동배분의석수(a)	7	9	0	6	22
잔여배분의석수(b)	7	10	1	6	24
최종의석수(a+b)	14	**19**	**1**	12	46

출처: 최광은(2024)

이 같은 오류는 제22대 총선에서도 그대로 나타났다. 제22대 총선의 의석할당 정당은 국민의미래, 더불어민주연합, 조국혁신당, 개혁신당이다. 역시 국민의힘과 더불어민주당은 비례대표 국회의원선거에 불참했으므로 당연히 의석할당정당이 될 수 없다. 그렇다면 제22대 총선에서 의석할당정당이 추천하지 않은 지역구국회의원당선인수는 2(새로운미래 1, 진보당 1)가 아니라 253(국민의힘 90, 더불어민주당 161, 새로운미래 1, 진보당 1)이 된다.

따라서 〈표 3-2〉의 1번 항 계산, 즉 선관위 계산에 따르면 국민의미래는 18석이고 개혁신당은 2석이지만, 2번 항 계산에서는 국민의미래가 1석 많은 19석이고 개혁신당은 1석이 적은 1석이 된다. 즉, 선관위의 계산오류 탓에 개혁신당 비례대표 2번 천하람 후보는 의원이 될 수 있었고, 국민의미래 비례대표 19번 이소희 후보는 의원이 될 수 없었다.

 선관위가 비례대표 선거 참여 여부와 관계없이 지역구 당선인 수가 5명 이상이면 자동으로 해당 정당이 의석할당정당이 된다는 잘못된 유권해석을 내린 사실은 위성정당이 출현하고 거대 양당이 비례대표 국회의원선거에 불참하는 초유의 정치적 상황에서 처음 등장한 것이다. 그 이전까지는 해당 지역구 의석수 조항이 단 한 번도 적용된 사례가 없다. 사문화되었던 조항이 위성정당과 함께 선관위의 유권해석으로 처음 부활한 것이다. 그런데 이 잘못된 해석에 따라 의석할당정당으로 규정된 거대 양당은 그럼에도 의석할당을 받지 못하는 모순이 발생했다. 그리고 실체가 없는 조문이 잘못 부활한 탓에 의석배분 계산의 오류가 나타났고, 그 결과 정당의 의석배분이 왜곡되는 정치적 사건이 발생했다.

 의석할당정당 규정에 대한 선관위의 해석은 공직선거법 제189조의 문언에 대한 충실한 해석은 물론 입법 취지와 목적, 관련 입법자료에도 반한다. 근본적으로 의석할당정당이라는 문언 자체가 비례대표 선거 불참 정당을 배제한다. 의석할당이라는 행위는 선거 불참 정당에 일어날 수 없는 일이기 때문이다. 선거 불참 정당을 의석할당과 관련지은 선관위의 해석은 이 문언의 통상적인 의미를 넘어서는 자의적인 해석이다. 그리고 의석할당정당 개념은 비례대표 국회의원 의석의 배분과 당선인의 결정·공고·통지를 다룬 공직선거법 제189조와 비례대표 지방의회의원 당선인의 결정·공고·통지를 다룬 공직선거법 제190조의2에만 등장하는 개념이다. 즉, 의석할당정당이라는 규정은 오직 비례대표 선거와의 직접적인 관련 속에서만 존재하는 것이지 비례대표 선거에 불참하여 비례대표 선거와 아무런 관련이 없는 정당은 고려되지 않는다. 또한 비례대표 선거 불참 정당도 의석할당정당으로 인정한 선관위의 해석은 공직선거법에서 그 문언적 근거를 전혀 찾을 수 없다.

 의석할당정당 규정의 바탕이 되는 봉쇄조항이 비례대표 선거 불참을 상상할 수 없는 독일식 연동형 비례대표제에서 유래했다는 점을 고려하면 선관위의 해석은 더욱 지지받을 수 없다. 지난 2004년에 해당 조문을 구체적으로 논의한 국회 정치개혁특별위원회 선거법소위원회 회의록에서도 이 사실은 분명히 확인된다. 한편 2004년 이전의 공직선거법에는 비례대표 국회의원 후보자명부를 제출하지 아니한 정당을 의석할당정당에서 제외한 단서조항이 있었다. 그러나 2004년 제17대 총선을 앞두고 병립형 비례대표제가 도입되면서 이 단서조항이 삭제되었다. 하지만 이는 비례대표 선거 불참 정당도 의석할당정당으로 인정해야 할 어떤 사유가 있어서가 아니다. 이전 제도에서 전국구(또는 비례대표) 국회의원 후보자명부 제출은 지역구 선거와 별개였으나 병립형 비례대표제에서 비례대표 국회의원 후보자명부 제출은 곧 비례대표 선거 참여를 의미했다. 따라서 후보자명부를 제출하지 않는 행위가 발생할 가능성은 없었고, 따라서 그 단서조항을 유지할 필요도 사라졌다. 즉, 비례대표 후보자명부 제출은 의석할당정당이 되기 위한 당연한 전제였다.

 이상의 논의가 없다고 해도 사실 봉쇄조항의 지역구 조건은 비례대표 선거에 참여했으나 봉쇄조항의 득표율 조건을 넘지 못한 정당이 지역구 선거에서 일정한 성과를 거둔 경우 예외적으로 득표율에 따른 의석을 할당한다는 규정이다. 이는 해외 사례를 포괄하는 매우 표준적이고 일반적인 해석이다. 봉쇄조항의 지역구 조건을 유지하는 것이 바람직한가의 문제는 의견이 분분하지만, 이 지역구 조건이 위와 같은 의미를 지니고 있다는 점에 대해서는 이론의 여지가 없다. 그렇다면 비례대표 선거에 불참했으나 지역구 의석수 조건만을 충족한 정당을 비례대표 의석할당정당으로 인정하는 것은 매우 예외적이고 특수한 해석이라 할 수 있다. 이러한 해석이 요구된다면 이를 제기한 주체가 그 필요성과 정당성을 충분히 설득할 의무가 있다.

 이전에 존재하지 않던 새로운 해석이 받아들여지기 위해서는 타당하고 합리적인 논리와 근거가 제시되어야 한다. 문언에 충실한 또는 문언이 함축하는 해석과 동떨어진 해석을 내놓는 것이 가능하다고 하더라도 선관위가 그런 해석을 내놓을 때는 그 입증책임이 바로 선관위에 부여된다. 선관위의 판단에 아무런 문제 제기도 없었다면 선관위가 입증책임을 회피할 수 있었겠지만, 합리적인 문제 제기가 이루어진 상황에서도 선관위는 의석할당정당의 결정이 비례대표 선거 참여와 무관하다는 결론만 내린 채 부연 설명도 그 근거도 제시하지 않았다. 설령 위의 논의를 모두 무시하고 선관위처럼 해석할 수 있는 여지를 열어놓는다고 해도, 선거 불참으로 득표율 자체가 존재할 수 없는 정당의 득표율을 0%로 간주하여 연동배분 의석수를 0석으로 계산하는 것은 원칙적으로 불가능한 일이다. 이는 '선거 불참'과 '0표 득표'라는 서로 다른 범주의 개념을 잘못 연결하는 범주 오류이다(최광은 2024).

참고 문헌

강남훈. 2023. "'201석 야당 연합' 달성, 결국 이 방법뿐이다: 민주당 선거제도 논의에서 고려해야 할 사항들." 오마이뉴스 2023.12.20.

강우진. 2020. "한국의 준연동형 비례대표 선거제도개혁과 집합적 전략투표 동원." 『현대정치연구』 13권 2호, 5-41.

국회사무처. 2019. "제370회국회(임시회) 정치개혁특별위원회회의록 제15호 (2019.08.26.)".

국회사무처. 2020. "제282회국회(정기회) 행정안전위원회회의록 제16호 (2020.12.01.)".

국회사무처. 2004. "제245회국회(임시회) 정치개혁특별위원회회의록(선거법소위원회) 제11호(2004.02.05.)".

기본소득정책연구소. 2024. "연합정치는 계속된다, 개혁국회·정권교체 향해." 『인커밍』 여름호(2024.06.26.).

길정아·하상응. 2023. "민주적 원칙과 당파적 이익: 2020년 국회의원선거에서 위성정당에 대한 태도와 투표선택." 『한국정당학회보』 22권 4호, 97-125.

김근태. 1992. "민주대연합을 통한 민주정부 수립의 길로." 『정세연구』 37호, 148-159.

김종갑. 2020. "비례대표의원의 제명시 의원직 유지 규정의 쟁점 및 개정방향." 『이슈와 논점』 1669호(국회입법조사처 2020.03.13.).

박경미. 2007. "민주화 이후 한국의 교섭단체제도와 정당경쟁." 『한국정당학회보』 6권 1호, 5-26.

박경미. 2010. "교섭단체제 운영의 정치적 결과: 주요 정당의 합의와 배제의 구조." 『Oughtopia』 25권 1호, 191-213.

박동천. 2000. 『선거제도와 정치적 상상력』. 서울: 책세상.

박동천. 2023. "위성정당의 재현 가능성에 담긴 함의: 실천의 학습 효과에 주목하여." 『현대정치연구』 16권 2호, 241-275.

신진욱. 2024. "한국에서 민주주의 퇴행과 양극화 균열구조: 제22대 총선과 실종된 체제전환 전망." 『경제와사회』 142호, 140-174.

심상정. 2023. 『심상정, 우공의 길』. 파주: 21세기북스.

장영수. 2019. "50% 연동형 비례대표제의 헌법적 쟁점." 『공법연구』 48집 1호, 221-251.

장 훈. 2003. "카르텔 성냥체제의 형성과 발전: 민주화 이후 한국의 경우." 『한국과 국제정치』 19권 3호, 31-59.

전지윤. 2024. "민주당과의 선거연합, 진보정치는 사라졌는가?" 『진보정책연구』 Vol. 2(2024.09.15.), 4-15.

정종권. 2016. "20대 총선, 진보정치의 성적표와 미래: 제3세력으로서의 존재감 상실, 변화 필요해." 『노동사회』 188호(2016.04.), 40-46.

조소영. 2015. "국고보조금의 합리적 개선방안에 관한 고찰." 『공법학연구』 16권 1호, 3-26.

중앙선거관리위원회 선거연수원. 2021. 『독일 연방선거법』. 서울: 일지사.

중앙선거관리위원회 선거연수원. 2022. 『2022년도 각국의 선거제도 비교표』. 서울: 마음이다.

채진원. 2022. "준연동형 비례제 선거법의 위성정당·양당체제 구축 효과와 선거법 개정 방향." 『한국과 국제사회』 6권 6호, 97-127.

최광은. 2021. "정치적 불평등 완화를 위한 기획, 민주주의 배당." 『평화연구』 29권 1호, 141-178.

최광은. 2024. "공직선거법의 비례대표 '의석할당정당' 규정 해석 문제: 중앙선거관리위원회 해석에 대한 이의제기." 『한국정치연구』 33집 3호, 61-94.

하승수. 2020. 『개방명부 비례대표제를 제안한다: 위성정당 없는 진짜 비례대표제를 위하여』. 대구: 한티재.

한상희. 2020. "준연동형 비례대표제와 위성정당설립행위의 위법성." 『위성정당의 헌법적 문제점과 바람직한 선거제도 개혁 방향 토론회 자료집』 (2020.05.20.), 4-28.

허석재. 2023. "2023년 독일 연방선거법 개정 내용과 시사점." 『외국 입법·정책 분석』 36호(국회입법조사처 2023.05.30.).

허석재. 2024. "현행 준연동형 비례대표제에 대한 오해와 이해: 준연동형은 연동형에 준하는 제도인가?" 『이슈와 논점』 2199호(국회입법조사처 2024.02.22.).

허유정·윤광일. 2021. "한국 정당체계의 연속성: 법-제도적 측면을 중심으로." 『미래정치연구』 11권 2호, 33-70.

황동혁. 2021. "연동형비례대표제 개선을 위한 제언." 『동아법학』 92호, 1-29.

Bochsler, Daniel. 2012. "A Quasi-proportional electoral system 'only for honest men'? The hidden potential for manipulating mixed compensatory electoral systems." *International Political Science Review* 33(4): 401-420.

Duverger, Maurice. 1954. *Political Parties: Their Organization and Activity in the Modern State*. Barbara and Robert North (trans.). London: Methuen.

Levitsky, Steven and Daniel Ziblatt. 2018. *How Democracies Die*. New York: Broadway Books. (스티븐 레비츠키·대니얼 지블랫. 2018. 『어떻게 민주주의는 무너지는가』. 박세연(역). 서울: 어크로스.)

Roth, Kenneth. 2021. "The Age of Zombie Democracies: Why Autocrats Are Abandoning Even the Pretence of Democratic Rituals." 28 July 2021, *Foreign Affairs*.

감사의 글

올해 4월에 공식 출범한 '정직한 모색'이 없었다면 이 책은 나오지 못했을 것이다. 2020년 위성정당 사태 때 오래전부터 함께 활동해 온 이들 중 일부가 위성정당 대열에 합류했다. 환호한 이들이 있었으나 환멸을 느낀 이들도 많았다. 대분열이 일어났다. 떠밀려 흩어지지 않은 이들은 여기저기서 구조신호를 보냈다. '정직한 모색'이라는 구명정이 다가갔다. 사회당 대표를 지냈던 신석준이 키를 잡았다. 낡은 과거와 단절하고 연대와 존중의 정신을 기초로 한국 사회의 새로운 전망을 모색하겠다는 포부를 지닌 단체이다.

2024년 위성정당 사태가 재연되었다. 4년 전 위성정당의 주역들은 더욱 영악해졌다. 질서정연한 사전 정지(整地) 작업까지 이루어졌다. 도저히 묵과할 수 없는 일이었다. '정직한 모색'은 일련의 사태를 복기하며 토론을 이어갔다. 그 결론으로 위성정당 사태를 조목조목 비판하는 책의 출간이 기획되었다. 사태 전개를 처음부터 꼼꼼히 들여다보고 있던 필자가 집필을 맡았다. 비판적인 기본 시각은 처음과 끝이 같았으나, 흩어져 있던 조각들을 맞추다 보니 사태의 전말과 본질이 좀 더 명확해졌다.

'정직한 모색' 회원들은 이 책의 완성 과정에서 큰 역할을 했다. 지난 몇 달간 매주 온라인 회의를 열어 내용을 논의하고 방향을 잡았다. 특히 신석준 대표와 류증희 회원의 아낌 없는 격려와 지원은 큰 힘이 되었다. 신석준 대표는 발로 뛰며 많은 공식, 비공식 정보를 발굴했다. 하지만 필자의 부족함 탓에 그 모든 정보를 잘 꿰어 이 책에 담지는 못했다. 신석준 대표가 번거로운 일들을 맡아준 덕분에 '정직한 모색'은 동시에 출판사 명칭이 되었고, 이 책은 출판사 '정직한 모색'이 펴내는 첫 번째 책이 되었다.

위성정당 사태로 분노 게이지가 극에 달했던 사람 중 한 명인 류증희 회원은 유능한 편집자로서의 면모를 한껏 발휘했다. 초고를 꼼꼼하게 검토하면서 크고 작은 오류를 잡아낸 것은 물론 미진한 부분을 보완하고 전체의 흐름과 구성을 개선하는 데 큰 도움을 주었다. 이 책의 표지와 본문 디자인에 정성을 다해준 강서희에게도 깊은 감사를 전한다. 그는 졸저 《모두에게 기본소득을》(2011)의 표지와 본문 디자인도 맡았었는데, 그 책에는 감사의 글이 없었다. 이 자리를 빌려 당시의 고마움과 지금의 고마움을 함께 전하고 싶다.

박동천 전북대학교 정치외교학과 명예교수께도 진심 어린 감사의 말씀을 전한다. 이 책을 쓰는 일은 선관위의 의석할당정당 규정 해석에 이의를 제기하는 논문 작성과 거의 동시에 이루어졌다. 박동천 교수와의 토론이 이 논문의 출발점이었는데, 그의 통찰과 조언이 없었다면 이 논문은 세상에 나오지 못했을 것이다. 책과 논문 작업은 겉으로는 별개였으나 위성정당 사태에 대한 비판적 인식과 분석에 기초했다는 점에서 뿌리가 하나인 작업이었다. 따라서 이 책 역시 박동천 교수께 일정 부분 빚을 지고 있다.

아울러, 이름을 밝히지 않더라도, 위성정당 사태로 인해 깊은 상흔을 간직한 모든 분께 진심 어린 위로의 말씀을 전하고 싶다. 위성정당 사태가 어떤 사람에게 지우기 어려운 감정적 상처를 남겼다는 말을 언뜻 이해하기 어려운 분이 있을 수 있다. 하지만 오랫동안 양당 지지와 구분되는 독립적 진보의 정치적 신념과 가치를 공유해왔던 사람들이 위성정당에 합류하고 심지어 앞장서는 모습은 어떤 이들에게 충분히 고통스러운 장면이었다. 자신이 헌신했던 과거가 송두리째 부정당하는, 실존이 파괴되는 고통과 같았다.

시간을 되돌릴 수 있다면 무엇을 할 수 있었을까? 막상 이런 질문을 던지면 어떤 구체적 행위를 떠올리기 쉽지 않지만, 자문은 멈추지 않는다. 사태가 그렇게 흘러가는 동안 아무런 역할도 하지 못했다는 부끄러움과 미안함이 마음 한편에 크게 자리하고 있다. 위성정당의 막전 막후를 비판적 관점에서 정리한 이 책이 그 미안한 마음을 조금이나마 덜어낼 수 있기를, 그리고 아직 아물지 않은 상처를 간직한 분이 있다면, 그 분에게는 작은 위안이 될 수 있기를 진심으로 바란다.

위성정당은 지난 두 차례 총선에서 반짝 등장했다 사라졌으므로 그 형체는 지금 눈앞에 없다. 하지만 한국 민주주의의 근간을 뒤흔든 그 실체는 과거, 현재, 미래에 걸쳐 최소한 8년이라는 긴 시간을 지배한다. 위성정당에 농락당하는 한국 정치를 그냥 이대로 좌시할 수 없다는, 위성정당이 'K-민주주의'를 대표하는 상징이 되는 일을 막아야 한다는 생각을 지닌 독자 여러분과 함께 위성정당 체제 극복의 길을 모색하고자 한다. 여러모로 부족함이 많은 이 책을 읽어주신 모든 분께 깊이 감사드린다.

2024년 12월
최광은

위성정당 OUT!
꼼수와 반칙이 망가뜨린 K-민주주의 대해부

2024년 12월 11일 1판 1쇄

지은이 | 최광은
펴낸이 | 신석준
편집 | 류증희
디자인 | 강서희

펴낸 곳 | 정직한 모색
주소 | 경기도 평택시 현신7길 43, 305동 1501호
전화 | 010-7942-7321
이메일 | silkliver@naver.com

ISBN   979-11-989678-1-7 03340

값 18,000원